SUDOKU

OVER **400** NUMBER-LOGIC PUZZLES

Parragon

Bath • New York • Cologne • Melbourne • Delhi
Hong Kong • Shenzhen • Singapore • Amsterdam

This edition published by Parragon Books Ltd in 2014 and distributed by

Parragon Inc.
440 Park Avenue South, 13th Floor
New York, NY 10016
www.parragon.com

ISBN 978-1-4723-1068-2

Printed in China

Sudoku 1 & 2

Place the numbers from 1–9 exactly once in each row, column and 3 x 3 box of the sudoku grid.

The puzzles gradually get more difficult as you work through this book.

			4	8	7			6
7		4	9					5
		9			2	1		4
5			2	3		6		9
8		6		7	4			1
4		5	7			8		
9					5	4		3
3			8	4	9			

					8			
	9		6		7	2		8
		8	4		9		5	7
				7	2		3	6
2			9		3			4
9	3		5	4				
5	7		3		4	6		
6		2	7		5		9	
			2					

Sudoku 3 & 4

2	4				1			3
		5			4		9	
8	9	1					7	
		8			2		4	9
		3	5		9	7		
9	2		8			6		
	6					4	5	7
	8		4			9		
4			1				3	2

2	9	8		7	1		3	
		3	8				1	9
6	3		4	2		7		
9			6		8			4
		4		5	7		9	2
7	1				6	8		
	4		1	8		9	6	7

Sudoku 5 & 6

7	4	1		9	3		5	
9					7			1
				1	5		9	
	9		6			2		
		3	1		9	8		
		7			2		3	
	8		3	5				
3			7					8
	7		9	2		5	6	3

			2	4				
4	7	9		8			5	
2	8						1	
6			7				3	
	2	8	1	9	4	5	7	
	1				3			2
	3						8	5
	4			7		3	2	1
				1	8			

Sudoku 7 & 8

	5			8	3	7		6
		6			1	9	3	
	3					5		
6		2	5		8			
		7		3		8		
			2		7	4		9
		8					9	
	6	3	8			2		
2		5	3	7			8	

		8			6			
	5					3	6	
		6	3	5	7		1	8
3	7		2	4				
		5		8		1		
				6	5		3	9
7	1		8	9	2	6		
	8	3					9	
			6			8		

4			1				9	
	7		5	8	4	6		1
6				2		5		
	6					9	7	
2				7				5
	5	7					8	
		1		3				4
7		4	2	5	8		6	
	2				1			9

2		3		1		9		6
	9					3		7
				8	9		5	
					1		2	5
6		2		7		1		8
7	8		5					
	2		9	5				
9		5					4	
8		6		2		5		9

Sudoku 11 & 12

5	6	8		9		2		7
								5
	9			5		6		
3				1	5	7	2	
		9		7		3		
	4	7	6	3				9
		1		2			5	
9								
6		5		8		4	7	2

	5		3					7
6				1		4		5
	7	4				1	9	
4		7	9	5				
			8	4	6			
				7	2	6		9
	1	9				5	7	
7		6		9				8
8					7		6	

Sudoku 13

	6				5		1	7
	7	5		3			9	
					9		4	8
	2			9				5
6			5	7	3			2
5				2			7	
2	5		9					
	4			8		7	5	
7	3		6				2	

Sudoku 14

			4			2		
	4			3		6	9	
6	7		9					1
7	6			8			4	
5			6	1	7			9
	2			9			5	6
4					9		1	2
	1	2		5			6	
		6			1			

Sudoku 15 & 16

		4					5	7
8	6							
7	3	9				1	8	4
				7	8	5		
	7		5	2	9		1	
		8	6	1				
4	9	3				7	2	6
							3	1
1	8					9		

6		5				9	2	4
								1
1	9		5		2		6	
			2		7			
8	5		6	4	1		9	2
			9		8			
	1		7		9		4	6
2								
7	4	6				1		9

	5	2		6	1			7
				8	5	4	9	
3					7			
		5	8		6			
9		7				8		6
			5		3	9		
			7					8
	6	4	2	5				
5			6	3		2	4	

1					6	4	9	
	9			1	7	5		8
				3	9			
4		8						5
	6	1				7	8	
9						6		4
			9	6				
2		9	1	8			7	
	8	6	2					1

Sudoku 19 & 20

6	2				8			3
				7		8		
			9	2		4		5
9		2			5	6		
	6	3				5	2	
		5	2			3		7
4		6		3	7			
		8		9				
2			8				7	6

	6			8		3		
	4	1			6			2
	3	7	1			6	5	
			5	7				
1			9		4			5
				6	2			
	1	4			8	5	2	
2			6			8	4	
		6		4			1	

Sudoku 21 & 22

Sudoku 21

		5						
3	4	7				5	2	6
6	9				5			
2			1		9	8		4
			3		2			
1		3	5		4			9
			4				6	2
4	6	2				7	5	1
						4		

Sudoku 22

4	1	9			7			
		2					1	
6	8				4			7
			4				6	9
	9	1	8		5	7	4	
8	4				2			
1			3				8	6
	6					2		
			6			1	7	5

Sudoku 23 & 24

3				1	6			7
1				5		3		9
5	6	4					8	
	9			6				8
		8				9		
4				9			3	
	2					8	7	1
7		5		8				3
8			7	3				4

			5		6			3
			7	1	2			4
			3	4		5	1	
							2	1
7	1		2		4		3	5
2	6							
	9	6		7	5			
4			9	2	3			
3			6		1			

1		6	5			3		9
						8	4	
9					8		5	6
2		1		9			6	
		9				5		
	6			4		9		2
7	9		6					3
	1	5						
3		2			1	6		5

	1	9		5			7	
8			7					
7	5		2					
		7	1	3			8	9
		6	9		5	7		
9	8			7	2	5		
					8		6	3
					7			4
	4			2		1	5	

Sudoku 27

		6		8		4		7
				4	3			6
			6			3	2	1
		4	1	9			3	
		5				1		
	2			3	8	7		
8	5	1			4			
2			3	1				
4		3		2		6		

Sudoku 28

	2				3		1	
3			6			2		
8		6		1	7		3	
		7			1		5	
2			9		8			3
	8		5			1		
	7		1	5		3		2
		2			9			1
	3		8				9	

Sudoku 29 & 30

4				2	1			6
		1	3					
5				9			1	
	1	8		5		6		9
9			8		7			1
3		5		1		2	7	
	2			3				7
					2	9		
8			9	7				5

	1		5	3		6		
					6			1
			1	7			2	
8		3		6		1	7	2
		4				3		
1	6	2		9		8		4
	2			5	3			
3			8					
		6		1	9		8	

Sudoku 31 & 32

7			4	6		3	9	2
4			2	9		7		
9				8		4		
						8	2	
8								9
	2	7						
		3		4				8
		8		3	6			7
2	6	4		1	8			3

	7	8						
	1		5	3		9	7	
5	2		7	1				
		7					3	
	9	6	8		3	5	2	
	8					4		
				5	7		4	3
	3	9		2	4		8	
						7	9	

Sudoku 33 & 34

	1		8		4		9	7
5								
9				6		5		
	5		7	2		8		3
	2		9		8		5	
6		8		3	5		4	
		5		7				8
								1
8	4		6		2		7	

		4				8	9	
	3		8		6		1	2
			2		4		3	5
			4	1				
		5	7		2	9		
				5	8			
2	4		5		1			
7	8		6		3		5	
	5	3				2		

Sudoku 35 & 36

9		4	8		6			
	2	5	3					9
8			2				7	5
		1	6	3				
2								3
				2	7	1		
4	6				9			1
1					3	9	6	
			1		2	4		7

8		6		7	4	1		
9		2		5	6	3		4
			8					
		3	7	9				
		1				4		
				1	3	7		
					7			
6		7	3	4		9		2
		4	9	2		6		1

Sudoku 37 & 38

7		5			8		2	3
		1		5				
				6			7	
9	5			1		7	8	
		8	3		5	2		
	2	7		9			1	5
	1			8				
				2		4		
5	7		6			8		2

	3	8				1		
		1	5		3			7
5	7		1			3	9	
6							1	
4		9				8		6
	8							2
	6	3			2		5	8
8			3		5	2		
		5				4	7	

Sudoku 39 & 40

			8			6		
2			3	9			5	
3			7		5	9	8	
5		3		1				8
8								1
4				8		3		5
	7	8	2		9			6
	5			7	3			9
		4			8			

	3			1	4	2		5
2		5	9		7			
		6		2				
		4	7					
1	9		2		6		7	3
					1	9		
				6		7		
			5		2	1		8
5		9	1	7			3	

Sudoku 41 & 42

					2	9	7	
2		3						8
		1	9			4	3	2
			5		4	2	6	
		6				5		
	2	5	7		6			
8	5	2			1	3		
3						7		1
	1	9	3					

9		5					4	
8	2	4			3	5		
1	7		5					
2					9			
4		9	3		7	1		6
			4					8
					6		8	9
		8	9			6	7	5
	9					3		1

Sudoku 43 & 44

				6	2	3	4	8
8		4				7	9	
						5		
3					6	8		
	7	6	1		8	2	3	
		5	2					7
		8						
	1	3				9		6
6	9	7	3	8				

1	6	2		7				4
						7		
7	9	8					6	1
			2	9		4		
8			7		4			5
		7		6	3			
2	8					5	4	7
		9						
3				5		9	2	8

Sudoku 45 & 46

		6	7					
7	3			1		8		6
		8	5	6		7		
2		4			9			8
	6						2	
1			2			3		4
		2		5	4	6		
3		7		2			8	5
					7	2		

							2	9
2		8	9		4		3	
9					2			8
8			4		1		6	3
3								5
1	7		3		9			2
4			5					1
	2		1		3	8		6
5	3							

Sudoku 47 & 48

9		1	8			6		4
6	8			4	5	7		
5	7				6			
8			4					
			6		1			
					3			7
			1				4	6
		8	7	9			1	5
1		9			4	2		8

	4	7			6			9
6	5			8		2		4
	8		3					
	7		6			3		
1	6						7	5
		3			7		8	
					2		1	
4		6		7			2	8
7			8			6	9	

	9	1				4		
3					8			7
5	8	7		9	4		6	
				3		7		
	3	2				8	4	
		8		5				
	4		7	2		6	9	1
7			9					4
		6				3	7	

3		2	6	1				9
6	1			5	7			
9	5							
				8	9	4		
		5	2		3	9		
		9	4	6				
							2	8
			7	2			4	3
2				3	6	1		5

Sudoku 51 & 52

		7	6			1	9	
			1	4	7		3	2
	1				8			7
				6	5			
	2		7		4		1	
			8	1				
5			3				6	
7	3		5	2	1			
	9	8			6	2		

2		3				7		
5			2	7	1			
7					6	5		9
		7	1				4	
1	4						7	5
	2				7	1		
3		2	5					8
			3	9	8			7
		8				4		3

Sudoku 53

		4					8	9
8				5	4	1		
			8		6			
	9	1			3		7	5
7			9		5			3
3	5		1			9	6	
			4		7			
		7	3	6				1
6	3					7		

Sudoku 54

2	1			3	4			
4		9			1			
	6	3	9	2				
				4		5	3	
6			1		3			9
	2	4		5				
				1	2	4	5	
			4			6		7
			8	7			9	2

Sudoku 55 & 56

	9		1	3				
		2	6			1	5	
5				7			6	
9				6	2	4	8	
4								6
	2	6	5	4				1
	5			9				3
	6	9			7	2		
				2	6		9	

	9							
1	8		3	7			6	5
5		3		9		1		
9	2		8					
8			1		6			3
					7		2	8
		8		1		2		6
6	1			5	3		7	9
							3	

Sudoku 57 & 58

2	5				6			
9		4	5			6		
6		3	1		9	5		
	9			4				
5	3						2	1
				6			5	
		8	6		3	2		4
		5			4	8		7
			8				6	5

2		5					4	
	6		5	7				2
	3	4	2	1	6			
			4	6				
5		8				6		4
				2	5			
			7	8	2	5	6	
9				5	1		2	
	5					3		1

Sudoku 59 & 60

5		9			1			
8	7					9	4	2
	6							
				4	3		7	6
1	3		6		5		9	8
6	8		2	1				
							1	
3	1	6					8	9
			1			6		7

3	4		5				1	
8	6			4		5		3
	7		3	9			4	
9	2							
	8						3	
							5	9
	3			7	8		6	
1		7		5			2	8
	5				2		9	4

Sudoku 61 & 62

			8			5	9	4
		8	2					6
			4	6	3			8
	6					8	5	9
	5						6	
9	1	2					4	
6			3	2	1			
1					4	6		
2	7	9			6			

	3	6		7	1			
8						7		
9	7		6	8		1		
					7	2		
7		9	4		2	5		1
		2	3					
		3		1	6		2	8
		8						5
			8	4		3	1	

Sudoku 63 & 64

2				3	8			
	9				6			
6		7	4			8	9	3
				8			4	6
5		4				7		8
8	2			7				
4	8	2			7	3		5
			3				8	
			8	5				2

				8		7		
				1		5	4	
			4			8	6	9
3		8	1	2	4			6
	4						2	
2			6	7	9	4		3
8	2	6			1			
	1	3		9				
		5		6				

Sudoku 65

	2	9	7			4	6	
4			3	2				1
5								
7		6	8				4	
8		3				1		6
	4				3	5		7
								8
9				3	6			4
	3	2			7	6	5	

Sudoku 66

						7	8	4
			8		9	6		
	8	5			7		2	
3		4	2		6	8		1
9		8	1		3	5		6
	9		4			3	6	
		2	9		8			
5	4	6						

Sudoku 67 & 68

								1
		1	5	3		2	4	
5	6	2		1				8
			8	5			9	6
1								5
2	5			9	1			
6				7		9	1	2
	2	4		6	8	3		
3								

	2	9			1			
7								
8				3		5		4
2			9	6			3	7
9		7	3		5	4		6
6	4			8	7			9
5		4		1				8
								5
			8			9	4	

Sudoku 69

3		2			1		5	
		7			3			9
		9	7	5				
			8	4		7		1
		4	9		2	5		
6		8		1	7			
				7	9	2		
2			1			6		
	5		2			9		8

Sudoku 70

		1	8				3	
8				6				9
6	2					8	4	
1		9			2		7	
7		6				2		1
	3		1			9		4
	1	8					9	5
3				4				6
	6				8	4		

Sudoku 71 & 72

			2		5	9		6
	9				3			
		2		9	4			3
5							6	8
	2	9	4		8	3	5	
7	3							4
3			5	4		8		
			3				1	
9		4	8		1			

				1	9			2
3			5			6	8		9
				3			7		5
								8	
7	3	1	8		4	5	2	6
	6							
5		3		8				
4		2	6		3			1
6			1	4				

		1	9		8			6
		6		3				9
	9		4	5		8	7	
							1	8
	1		6		3		5	
7	3							
	4	7		6	1		8	
1				8		7		
2			5		4	1		

6			5		3	8		9
3	8			9			1	2
							6	
		1	4	6				
5			2		1			3
				3	5	9		
	7							
1	5			8			9	7
8		3	9		7			6

Sudoku 75 & 76

4		1				5	9	
	5	6		9			3	7
		7				6		4
				8	5		7	
			9		2			
	1		3	7				
5		3				7		
6	7			4		2	8	
	8	2				3		9

9		6			3	5		
	1		5					9
	5	7						
	7	3	8		2			
4	8		3		6		7	5
			7		5	8	2	
						9	3	
7					8		5	
		5	2			7		8

	1			7	3		4	
5				6	1		3	7
	7	9				1		
			6	3				
2		3				6		4
				4	7			
		5				7	2	
1	8		7	2				9
	2		3	9			5	

3			6				9	4
			5	4				3
	4			9			6	
	1			3				6
8	3		1		4		2	5
5				7			3	
	8			2			1	
6				5	8			
9	2				6			8

Sudoku 79 & 80

	7	3		8	6	1		5
4			3					9
		8		1				
		6	5					
8	5		7		9		6	3
					8	5		
				9		3		
1					4			6
5		4	6	3		9	1	

5					6	3		
		8		5			2	6
3	2				8		5	1
		7			5			2
	9						3	
1			2			6		
8	3		5				6	7
7	6			1		5		
		9	6					8

Sudoku 81 & 82

		7				9		
		4		6	7			
6	8			1		7		3
	1	8		3		6		
7			6		2			9
		6		7		4	3	
4		9		5			7	6
			7	9		2		
		1				5		

2		4		3	5	6		
	9		1	6		4		
	1				4			
1	4	3				5	2	
	6	8				1	7	3
			6				8	
		5		2	7		4	
		1	5	4		7		6

Sudoku 83 & 84

2	7		9	8			1	
9			3			2		
		6			7		5	
	6				5		4	
7			6		9			8
	2		4				9	
	1		7			6		
		7			4			3
	9			6	3		7	1

9						5		3
		4		9		8		1
	3			5		9	6	
				2	5			8
6			1		8			7
2			9	3				
	2	6		7			8	
7		9		8		3		
8		5						6

Sudoku 85 & 86

5			8				4	3
2		7			6		1	5
				5		2		
1		2				4		
	7		4		8		2	
		9				7		1
		8		7				
7	4		2			3		6
9	2				1			4

	7		1		5			
8		3	9	6			5	
		5			2	7		
9		4			3			
		1	6		8	3		
			7			5		6
		9	8			4		
	1			9	4	6		5
			3		1		9	

Sudoku 87 & 88

2	1		9	5				
	8				6			1
	6	3		4			9	8
				2		6	5	
		5				8		
	9	6		7				
4	5			9		1	2	
9			2				6	
				1	7		8	5

5		1	8			2		
		2			7			5
		4		2	9		8	
2	1	6						4
			4		6			
7						1	5	6
	5		9	7		6		
1			2			5		
		3			1	7		8

Sudoku 89

4			1		9	3	7	
						1		9
7			6		8			2
3		5	2					
6		4				7		3
					4	5		8
8			5		7			1
1		6						
	3	7	9		6			5

Sudoku 90

	8	7	9	1			4	
	4	9		3				5
1					4			6
						6	7	
		4	7		1	8		
	7	1						
3			1					9
4				9		5	6	
	9			2	5	1	3	

Sudoku 91 & 92

			8	5	9	3		
	9		3			5		
	5		2			9	1	
	7			2				
6		2	5		3	1		4
				9			2	
	4	5			2		7	
		1			4		5	
		6	7	3	5			

9	1		8				2	4
7	4		2					
		2						5
5		4	7		8	6	1	
	2	8	1		3	4		9
1						9		
					7		6	1
4	8				1		3	7

	5		9				3	7
		6	8				4	
4	1					5	2	
6			7	5				2
5								1
7				8	9			5
	2	5					1	3
	3				8	2		
1	6				2		9	

6				8			4	2
	2		9	4	6			
						8		
2		8	4		5	1	7	
	7						8	
	6	1	2		8	9		5
		2						
			7	2	4		5	
7	8			9				1

Sudoku 95 & 96

	5			3		1	2	8
						6	5	
			5		8			7
8	1					9		
5	9		6		1		7	4
		4					1	2
6			3		5			
	4	5						
1	7	3		4			8	

7					1			
				9		2		8
			3	2		1	7	
4	6				3			1
	8	7	5		6	3	9	
3			9				8	6
	7	2		6	9			
6		4		5				
			4					2

6				3			9	5
		2		8	6			
	7	3		5	9			
	6				7			2
9		8				6		7
2			6				5	
			9	6		1	8	
			1	4		5		
3	1			7				4

2	1					5		
					9	1		8
9		7		4			3	
5	6		7			3		
	3		1		5		2	
		2			3		6	5
	7			5		2		6
6		1	9					
		5					8	7

Sudoku 99 & 100

5	4				2		3	
	3		4			9	5	
		9				2		1
					4	5	1	
2			1		3			9
	1	4	7					
9		3				6		
	5	7			6		2	
	2		8				9	5

		5			1	6	7	9
7	1				9			
		8		5		4		
			6					3
6	8	1				5	2	7
3					2			
		3		4		8		
			2				3	1
8	9	7	1			2		

Sudoku 101

		2		1				
7		3			8			
	4	1	5				8	
6			1	5		7		
	5	7	6		2	8	3	
		9		3	7			6
	7				6	4	1	
			3			9		8
				7		3		

Sudoku 102

							9	2
7			1	9	3			4
			4					1
1	9		5	4			3	6
			3		9			
3	7			1	6		4	9
5					4			
9			6	5	7			3
2	3							

Sudoku 103 & 104

	1					9	6	
3			6	5		1		
					9		2	
9		8	1	3				
4		3	9		7	5		6
				4	6	8		9
	7		5					
		5		6	4			8
	3	6					5	

6				4				2
	4	1		2	3		5	6
		7						1
	2	3	6					
7		6				2		3
					2	7	6	
4						1		
9	7		4	6		3	8	
3				8				9

Sudoku 105

	1	2		4	9	6		8
			2					
4	7	3	5					
3	9							7
2			9		4			6
7							8	2
					1	8	2	3
					5			
1		9	8	2		5	6	

Sudoku 106

					3			2
	7	1		4	5			
6		2		1			4	
3			1	8				
5	1		3		2		8	4
				7	4			3
	6			5		3		9
			6	3		4	7	
9			4					

Sudoku 107 & 108

						4	2	
	6			9		3	1	5
4	2				5			
1		9	2	8		5		
			1		9			
		2		4	3	1		8
			5				8	1
2	5	6		7			4	
	1	8						

		4	8			3		2
	5	1			9		7	
8	3						5	1
	8		5	2				
			9		8			
				4	6		8	
3	1						2	4
	2		3			1	6	
9		6			2	7		

Sudoku 109 & 110

3	4			1				5
	8	7						9
6						4	2	
				5	6		7	
9		6	1		7	2		4
	7		3	4				
	6	8						2
4						6	3	
7				6			1	8

		6	8	1		5	3	
				2		9	6	4
	2			3		1	8	
		9						
	5	7				3	1	
						8		
	7	4		9			5	
5	6	8		7				
	9	3		8	5	4		

	1		3			9		8
	7		9	8	6			5
				5				2
	5							9
1	9		6		8		2	7
6							4	
2				6				
9			8	1	2		5	
7		1			9		8	

8	4				5			6
7		1			6			
5	6			4		3	7	
6					4			
	9	8				1	6	
			8					2
	3	6		5			4	1
			6			5		7
9			4				2	3

2			7	9	4	3		
					3			4
			8	2			1	
8		2	6	3	7	1		
		7	9	4	1	8		2
	9			1	8			
5			3					
		3	2	7	5			8

	8							
4		2			8			3
	7	6			2	4	8	
9	2		1					
6		7	2		4	8		5
					6		3	9
	1	4	5			3	9	
2			4			7		8
							4	

5		9				2		
2	1	3	4			5		
			5				7	
		2			5			7
	5	7	8		3	6	9	
8			9			1		
	2				4			
		5			9	4	2	8
		4				9		1

1	9				5	4	8	
	5		2			3		
7		3			4			6
		9			3			5
			1		2			
4			5			6		
9			4			8		1
		8			9		5	
	4	7	8				6	9

	7		5					
6				7	9		5	8
		5		6	3	2		
	4						3	
5	8	7				1	4	9
	9						7	
		8	3	1		7		
4	5		7	9				3
					5		8	

5		2	3		4		7	1
				9		3		5
				2	7	6		
1						4	3	
9								6
	7	3						2
		7	8	3				
8		1		4				
2	4		7		9	8		3

Sudoku 119 & 120

			4	3	5	2		
				1	7			
	5	7						1
8		6		7	2		1	
	2	5				7	9	
	3		1	9		8		5
4						9	5	
			6	4				
		1	9	5	3			

		2			8	4		1
			2	7	1	5	3	
			6			2	9	
			8	1				
6			5		7			9
				4	6			
	1	5			3			
	7	4	1	6	9			
9		6	4			1		

		7					5	
	3						7	
9		8			7	2		
		2	9		3		8	1
8		9	5		6	3		7
6	7		8		1	5		
		5	7			1		9
	4						2	
	9					7		

				8		5		2
5		8		1			9	
3	9			6			1	
		6		4	9			1
	1						3	
9			1	3		8		
	4			7			8	5
	8			2		9		4
7		1		9				

Sudoku 123 & 124

	7		3		8	9		
			9	1		4		7
						6	8	
1			4	6		2		
	2		1		3		4	
		9		7	2			1
	6	2						
7		1		9	4			
		4	6		1		7	

	8	3		1			9	5
		6	9		8	2		4
								6
					4	9	5	
		7	1		9	4		
	4	2	7					
1								
3		9	8		1	5		
8	2			9		3	4	

Sudoku 125 & 126

Sudoku 125

		4						
2	3		5				6	
1	5	7	4		3			
3						7	5	
8	7		3		2		4	1
	9	1						3
			6		1	5	3	4
	1				4		8	2
						1		

Sudoku 126

9		2			5			8
7	6		1		9			
	4	8	6					
6			5		7			
5			7	2				1
		7		9				6
				4	6	1		
		1		6			8	9
8			9			4		3

Sudoku 127 & 128

			6	7				9
9	3				8	6		
		7		9	2			
	6						2	3
	2	3	8		6	1	9	
7	9						5	
			7	6		2		
		6	3				8	4
3				8	5			

7	1		4		8	9		
	9			2				
		2		7	9	8		4
		3	8	9				
		9				5		
				4	3	2		
9		1	7	3		4		
				6			8	
		4	9		1		7	2

1							5	
	3	9	6	2		4	1	
				8		3		9
						1	4	6
	1		8		4		9	
9	4	6						
6		3		5				
	5	4		3	6	9	2	
	9							3

2			4				7	6
			7	9	3			
	7		6				4	
	9			5				3
	1	7	3		9	2	6	
5				6			9	
	5				6		3	
			9	3	2			
9	2				4			7

Sudoku 131 & 132

9	5		2	3		7		
8			4					2
	7				9	4		
		7			1		4	5
		1				8		
5	8		7			2		
		8	1				6	
1					7			8
		6		5	3		9	7

		4	2		5	7		
9		7		8			4	
			4	6	7			
4						8	5	
7			1		9			4
	1	6						7
			5	3	2			
	4			1		6		3
		1	7		6	5		

Sudoku 133

		6						7
7	2	5		4			3	
1	4			3		9	5	
	5				6			
		3	8		1	5		
			2				7	
	1	2		6			8	5
	8			2		4	1	6
6						2		

Sudoku 134

	2	5					9	
1							5	4
9			7	5				
		4		7	9	8		
6		3	4		2	5		7
		2	5	3		9		
				9	5			3
2	6							5
	5					4	7	

Sudoku 135 & 136

				4	1	3	5	
							4	
4		2			7	6		8
		1			3			
6		4				8		7
			7			4		
9		7	1			2		6
	4							
	2	3	5	7				

				6			9	7
7	3		2			4		
	4					5		
		7		3	9			
		9				7		
			6	5		2		
		3					5	
		8			6		1	2
5	6			4				

5				6		9	2	
			1					8
6		8		9				3
2		5			9		4	
	3		4			8		9
9				1		7		5
3					6			
	5	7		8				6

9			1	4				
		7			2	3		1
4	8							
8	9				6			
			2		7			
			4				6	8
							9	3
7		4	9			5		
				5	1			7

Sudoku 139 & 140

8	9						7	
6				5	8	4	3	
				3				1
	4		1	6				
				2	7		9	
3				8				
	7	4	3	9				8
	6						4	9

						6		
2		5			4	1		
		1	3		8	7		
8								3
		6	1		5	2		
9								5
		8	7		1	3		
		3	4			5		2
		4						

Sudoku 141 & 142

			3	4			9	
	6				8	7		
3		4			2			
	8			7			6	
			1		3			
	3			2			7	
			7			9		4
		1	6				8	
	4			5	9			

	2	5	3		1			
8								
				8	5	4		
		2				8	9	7
5		7				6		1
9	4	8				3		
		4	2	6				
								4
			5		4	9	1	

Sudoku 143 & 144

				1			5	
9					7			3
	1			5	2		8	
	5				9			4
		8				7		
6			7				3	
	2		6	9			7	
3			2					1
	9			4				

4				1				
	7	3					9	
5			7			3		6
7					2		8	
				7				
	1		6					3
3		2			5			4
	9					8	5	
				2				9

Sudoku 145

2		1	9					4
				3				1
	7		8			9		
			4					5
9		4	5		1	2		6
1					3			
		9			8		1	
7				4				
8					7	4		9

Sudoku 146

3			8		4			5
8	5				7		6	
		7				9		
		1			9			8
	6						1	
4			1			2		
		3				6		
	4		7				3	2
2			4		6			9

Sudoku 147 & 148

	8					7	3	
	9							2
			7	8		5		
		4	1	3				
6								5
				6	9	4		
		6		1	2			
9							5	
	3	2					9	

		3	5		8	6		
	2							9
			2				3	8
	8			7		3	9	
				4				
	7	5		2			8	
2	5				7			
7							1	
		8	6		1	7		

Sudoku 149 & 150

	4						2	
						6		3
		3	8		5		9	
6	7		3	5				1
			9		7			
2				1	4		3	7
	1		2		3	5		
7		5						
	8						1	

				6	7	8		
9	5	2						
8			9					
	3					7		4
2			5		6			8
6		9					3	
					1			2
						1	8	7
		5	4	2				

Sudoku 151 & 152

							9	3
			2	1		8		4
			9	4		7		
5	4					6		
9			6		4			8
		3					4	7
		8		9	5			
4		2		7	1			
3	5							

	6		9					
				3	2			5
	9			7	4			2
	4	1	3				7	
	7				6	1	9	
1			4	5			6	
3			1	9				
					3		8	

Sudoku 153

4		7	3					
2		8						3
	9						8	
5	6			4	3			
7				6				2
			1	2			5	7
	2						6	
9						8		1
					6	3		5

Sudoku 154

	8							
	2	7		3	6			
9	6			7				2
8	5		9			1		
		1			7		5	8
3				9			2	1
			5	6		9	7	
							4	

Sudoku 155 & 156

							5	1
				1			6	
			3		5	4	7	
	3		4		8			6
	9						8	
4			2		6		3	
	5	4	8		2			
	8			7				
3	1							

6	1							2
			8		5			
		5	2	3				9
1	5		4			6		
9								3
		4			2		7	1
2				4	9	3		
			3		8			
5							8	7

Sudoku 157 & 158

	5			9		3		
			3		1	5		
					5			2
		4					2	
	9		5		2		1	
	6					7		
8			4					
		7	9		3			
		2		8			9	

7					6	8		
							2	6
			3	5				
		3					5	8
	8	9				7	3	
5	4					2		
				3	2			
3	9							
		7	9					4

Sudoku 159 & 160

	6						3	
		5			7	6		8
3				8				
		7	5	1			2	
	5			4	2	7		
				3				6
4		8	9			1		
	3						5	

				2	1	7		
			3	7				
			8		4	5	3	
6							9	7
	7	5				2	8	
2	9							5
	2	6	5		7			
				9	3			
		9	6	8				

Sudoku 161 & 162

9				8				
3				5	9	8		
			7		1			6
4		8						7
	9	7				3	4	
6						2		1
2			9		5			
		6	8	4				9
				1				2

3	8						2	
		4	2					5
		1			4			
				8			6	
9	1			7			3	4
	2			1				
			1			7		
7					6	5		
	5						4	2

Sudoku 163 & 164

	7				2	4		
6	3			5	4			
	9							2
9	6							
5		1				6		8
							5	1
7							9	
			4	9			7	3
		9	3				8	

					8			3
1	2				3	5		
	7	8						9
8		2			5			
	3			7			6	
			8			3		4
5						9	1	
		9	4				3	8
6			1					

						9	8	
		5	8		4	3		
		8		6			7	
6						2		
7	8			1			3	9
		3						1
	2			3		6		
		6	5		9	8		
	1	9						

3					2			
9	5		3					
	1	2	9		7		8	
6		8	4					
	7						9	
					3	8		6
	6		1		5	3	2	
					4		1	5
			7					8

			7	8				1
		6	4	5			2	
	5						3	8
		8					4	
		5		4		3		
	1					8		
2	9						7	
	3			9	7	1		
5				1	4			

				1				
8	5		4		2			3
					3	1	6	
	8	2			7		5	
	6		3			4	2	
	4	9	7					
5			2		4		8	1
				3				

	7			9				
3							9	6
	9	6				4	1	7
		5	7		6	9		
		4	9		1	5		
6	5	2				3	4	
9	1							5
				2			6	

	2				9			7
		1		5	3			
						8	2	
3				9		1	4	
			1		2			
	1	8		4				6
	6	3						
			3	6		7		
5			9				1	

Sudoku 171 & 172

		4				8		
8						7	2	
			4			6		5
				4	5		1	
5	7			3			4	8
	3		8	9				
6		7			8			
	4	3						6
		8				3		

				8				4
6			4			7	1	
		2					5	
2			5		9	3	7	
5								1
	4	3	6		1			9
	3					1		
	2	6			4			5
8				6				

Sudoku 173 & 174

				8				
	7	6			2			4
2	9		5					
1		3	6				7	
	6						3	
	5				4	6		8
					1		5	7
7			8			2	6	
				3				

			4	1		6		5
		4		6		9	1	
							2	
	5		8			1		
3				9				4
		9			3		7	
	8							
	6	2		5		7		
7		5		8	4			

Sudoku 175

							8	1
6		8		3	5			
5				8	4			
	7	3			8		1	
8								7
	5		7			6	9	
			9	5				3
			8	4		9		2
1	2							

Sudoku 176

9	6			3				
5				4				6
	1	8	2		5			
	2		6			7		
		3			7		2	
			3		8	4	5	
2				5				8
				1			6	7

9			6		1			8
4				2				5
				3		6		
6		5	4					
	2		1		3		5	
					9	7		6
		3		9				
8				5				3
5			3		8			9

			8	4	2			7
5	7				6		4	
						8		
6	9							
4	8		1		7		9	5
							1	4
		7						
	5		2				6	9
2			5	9	8			

Sudoku 179 & 180

	1	8					5	
3		5				2		
	4			7				6
7					3			
			6		4			
			8					3
2				9			3	
		3				8		4
	6					1	2	

7			5			8		
			3			4		
				8			5	
	9				4		2	8
		4				5		
8	2		1				6	
	1			2				
		2			1			
		7			8			9

	7		6					
2	4		7	5				
		5				8		2
		3			4	9	8	
				9				
	6	9	8			4		
5		2				7		
				3	5		2	4
					7		3	

9	6		1	7				
4	8		6					
				4	9			
		6		9		7	5	
	7						2	
	1	2		8		9		
			9	2				
					1		9	3
				6	4		8	7

Sudoku 183 & 184

	6			3		9	1	2
							3	
3		7			6			5
				7	3	5		
			4		2			
		9	1	5				
1			5			3		4
	7							
6	5	3		2			9	

		2	1					
3				7		6	4	
7		4		8			3	
		6			1			8
8			5			4		
	3			1		7		4
	5	8		3				6
					2	9		

Sudoku 185

			4					2
					8			
	2	8		1	7			9
	4	2			1			6
5	6						4	8
1			8			2	9	
2			7	4		8	3	
			1					
6					5			

Sudoku 186

	8		5					
		7	6				5	
	5			3		6	4	
								9
		2	8		9	5		
3								
	9	4		7			1	
	6				3	9		
					1		6	

Sudoku 187 & 188

					8	4		
7		9	6					
		5	4				6	
		4		8	2			6
	1			5			9	
8			9	6		7		
	6				9	2		
					7	6		4
		2	1					

				9	8		5	4
	5					1		
4			2					
3				4		5		
	2		5	7	1		6	
		5		6				7
					4			9
		2					7	
1	3		6	2				

Sudoku 189 & 190

				8				
		6			1			8
	1	9	6				7	
		4		3	8	2		
2				5				9
		5	2	7		1		
	3				7	8	1	
4			3			5		
				4				

9		1					2	3
					2	4		
	6		7	5		1	9	
				7	9		4	
	9		4	3				
	2	9		8	1		7	
		3	6					
7	1					8		6

Sudoku 191 & 192

8		9		4	2			
		6		5			4	
			8					
7		2	4			5		
			3		7			
		8			5	2		3
					3			
	5			1		8		
			5	8		9		6

		9			8	2		
	2			9		3		
					3			4
	7		6				9	8
		4				5		
6	3				4		2	
7			1					
		6		2			4	
		1	3			8		

	6	1			2			
		3	7	4		6		
9		4	6					
		9		8				4
5								3
3				2		9		
					9	4		5
		8		7	5	3		
			4			2	7	

2					4			
			1		6			8
	4	5						3
	1		6	9	8			2
6								4
9			4	2	1		6	
5						7	2	
3			8		2			
			5					6

Sudoku 195 & 196

	5							
		3		4	2		9	
			6	8				4
		1	9	2		5	8	
	3	6		5	1	2		
9				7	8			
	2		4	9		7		
							2	

			2	5		4		
				8		9	5	3
5				3			7	
		5						6
	3	9				5	8	
6						7		
	4			2				9
2	8	7		6				
		6		4	3			

Sudoku 197

			6		2		9	
9	5	1		7				2
	2							8
	3		1	9				
1								3
				8	4		2	
5							3	
3				2		6	8	5
	9		7		5			

Sudoku 198

6					3			
	5				6	4	3	
	1		7					9
	3		4			6		2
		1				8		
7		8			9		5	
3					7		8	
	7	9	6				2	
			3					6

Sudoku 199 & 200

3					9		2	
5				4		9	1	7
9			7	3		4		
	6			9			7	
		4		5	1			3
4	7	5		6				9
	9		5					1

								8
				8	6	1		
	5		1	3				
					4	9		1
4		5	3		7	8		6
2		8	5					
				1	9		4	
		2	6	7				
7								

1					3	8		7
		5	4		2			
								1
				9		3		5
	3						2	
9		4		5				
3								
			6		7	4		
4		6	8					9

				4			5	8
6		4		9				
	7		2					
				7		1		
7	3	1				6	9	5
		9		1				
					1		8	
				3		2		7
9	4			8				

	6							
7			1	5			4	6
						8		
5	7	9		4			6	
2				7				5
	1			6		9	7	8
		2						
3	9			8	2			4
							3	

			8	5				
	5							8
		9		1	7		4	
	2	3			1	7		
		6				8		
		4	7			2	6	
	7		2	3		6		
3							1	
				7	9			

Sudoku 205 & 206

		7					1	
					2		4	
		1	7		9			6
9					6	4	3	
3			2		4			1
	7	4	9					8
8			4		5	3		
	5		3					
	9					8		

	3			8				4
		1	5	4		7		
7				1				5
					4	3	9	
	7	5	1					
3				2				9
		6		9	8	5		
1				3			2	

Sudoku 207 & 208

5					8			
	1							3
			2		7	1	5	
4				7	2		8	
	7			5			3	
	2		4	6				5
	5	3	6		1			
7							2	
			7					9

				5			6	7
			6		7	1		
6		5	4			8		3
			2			4		
	3						1	
		4			8			
3		8			5	2		1
		7	9		6			
5	9			3				

Sudoku 209 & 210

1	7					2		5
		9						
					6	4	7	
			3	4				6
7								9
2				8	5			
	2	1	8					
						5		
5		4					3	1

9								
	1	7	4			6		9
			2		1		8	
	2							6
	4		8		5		9	
7							5	
	8		9		2			
6		9			8	5	3	
								8

Sudoku 211 & 212

	5			6	3			4
		7	5			8		
		1	7				5	
						4	8	
9				3				5
	1	4						
	6				9	1		
		2			6	5		
4			2	8			3	

								5
5				4	3	1		
	7	8			5			
		5					2	
2			9		8			1
	9					3		
			1			2	4	
		9	4	7				6
6								

1		3		2	4			
6								
	5		8		1	2		
2			6	8		9		
5								6
		4		3	7			2
		6	1		8		2	
								8
			2	9		7		4

			6				4	
6		2			7		9	8
7	9							
		6	1					4
			5		9			
3					6	8		
							7	3
1	7		2			6		9
	3				5			

			9		8	5		
3	1						6	
				6		2		4
	4		6					
7				1				6
					2		9	
4		9		3				
	2						5	9
		3	7		6			

		2	7	6				
1	6				4			
		7			9	5	8	
						3	5	
5								9
	9	4						
	3	8	6			9		
			4				6	7
				8	1	4		

	5		1	4	3			
					2			6
4	9			6				
7			2			8	9	
6								1
	1	9			8			2
				2			7	3
9			7					
			6	3	1		8	

	1	8		9		3		
	5	6			7	8		4
	7							6
					2			
	9			5			4	
			1					
5							6	
3		9	2			5	1	
		7		8		9	2	

Sudoku 219 & 220

1		7		9	8			3
	9						5	
					6	9		
		3	1					6
			6		2			
2					4	7		
		4	3					
	1						2	
9			4	8		5		1

			9	4			8	
				5	7	1		
7			6			4		
2	1			7				8
9								4
8				3			1	6
		8			4			5
		3	7	1				
	2			9	6			

Sudoku 221

					4			3
		9			8	2	1	
	5					6		
5	3	7	1		2			
			6		5	3	9	1
		6					5	
	1	5	8			4		
9			2					

Sudoku 222

	2	6	5	8				9
3			2					
9		1					6	2
5		3					7	
	7					5		3
6	4					3		7
					4			8
8				3	6	9	2	

Sudoku 223 & 224

9	3				8			5
	6			4		1		
5		1					7	8
			4		6		8	
	5		3		7			
4	9					8		1
		5		2			9	
3			5				4	6

		6	4	8			9	
1		7	3					
9				5				
		4		6				
8	3			4			6	1
				3		8		
				7				3
					3	1		8
	7			1	9	5		

Sudoku 225

2	5		4			3		
	4		5					
3		9			1			
4			7		9			
	6			2			3	
			3		6			8
			1			8		3
					4		9	
		6			2		4	1

Sudoku 226

8	2		1	6	7			
			9					
		3				2	6	
	1			5		6		
	3		8		9		4	
		5		4			8	
	8	9				7		
					4			
			2	7	8		5	3

Sudoku 227 & 228

9					5			
	7	6	1	2				
				3			5	
2			4					6
6		3				5		2
7					3			8
	1			7				
				1	2	9	6	
			8					5

1		8				2		4
	9							
	2		1		7		6	
			8		1			
9	6			3			1	5
			7		5			
	7		9		4		5	
							4	
4		3				1		9

		8		2	9	6	3	
	4			6		2		
2					7			
		5	9					7
		1				9		
4					6	8		
			7					8
		4		1			9	
	3	7	2	4		1		

					9		3	7
	8				4	2		
				5			9	
5	6	4					1	
3								8
	1					9	7	5
	5			9				
		2	6				5	
8	9		1					

Sudoku 231 & 232

2			5		6			3
			2		7	8		9
	3				9		7	
					4	9	8	
	1	5	7					
	6		8				2	
7		2	3		5			
8			6		2			4

	5				1			
6					3	1		9
			5	6		3		
9		4					7	
		3	6		2	9		
	8					4		3
		6		8	9			
1		2	7					6
			1				3	

Sudoku 233 & 234

				7			2	6
6	1		5			4		
		2					1	
		3		2	1			
	7						8	
			8	9		3		
	5					1		
		7			5		3	4
1	8			4				

	8							
3	5			9			4	6
7			5	8				
			7	6		2		
		1		2		7		
		9		3	1			
				5	4			9
6	4			1			2	7
							1	

Sudoku 235 & 236

7	5		8					
		6		3	5			
4				9		2		
					9		3	2
		1				6		
6	3		2					
		7		8				4
			1	2		9		
					4		5	6

	5		7			3		8
1			8		5			
		7		2				
		4	1				6	
			4	8	3			
	1				6	9		
				3		5		
			9		7			6
2		8			4		7	

9								
	1	7	3			2		
	2		6	4				
		5			8		9	
8	4			3			7	5
	3		5			4		
				2	3		8	
		2			5	9	1	
								2

4				1	7	8		
1			6	3				
	2							5
		9				3		1
	4						5	
6		2				9		
9							4	
				6	1			7
		8	4	7				2

Sudoku 239 & 240

5				7	9	4		
	1	4						
8					6			5
		3	7					
9		8				3		7
					8	6		
2			6					9
						7	6	
		9	4	2				8

9				7	4			
4	7				9	2		
6		5				4		
	5	4		3	6			
			2	1		9	4	
		9				8		4
		8	4				2	3
			5	8				6

	7			2			1	
9		3		5	8			
2	9	1			7			3
7								6
5			2			7	9	8
			6	7		8		9
	1			3			7	

9				3				2
	3		6			9		
8	6		2				1	
			8			4		
2								3
		4			9			
	2				7		5	4
		5			6		7	
7				5				1

Sudoku 243 & 244

		7	8	1				5
3			7					
	6					7	3	
8	3			4	1			
			5	3			1	8
	5	2					8	
					4			3
1				8	9	6		

	1				4		6	9
	4			6				5
	8						1	7
				1	2	9		
8								2
		3	9	4				
1	3						2	
4				3			9	
5	7		2				3	

Sudoku 245 & 246

2		6		5	3			
		1						
	8		9		4			1
						4	6	
	3	7		4		8	5	
	6	4						
8			6		5		9	
						6		
			7	8		2		4

	2				9	5		
				1				
	8	7	6	2				1
		4	7					
5	1			9			2	4
					4	8		
4				7	8	1	6	
				3				
		1	5				8	

Sudoku 247 & 248

7					8			
9		4					8	6
8			4					
	9	8		5	4	7		
			8		1			
		5	2	7		1	4	
					6			4
4	3					6		2
			5					9

			2					
6					1	8	5	3
3	8				5			4
						1	3	
1		8				2		7
	6	2						
5			7				8	2
8	9	3	5					6
					6			

7				9				5
		1		7	5		8	
	8		3					7
			1			8	2	
9								1
	1	6			7			
4					8		1	
	7		4	5		6		
3				1				8

8			3		6		5	
2	3				4		7	
		7	2					
5		4						
	1						8	
						1		6
					3	7		
	2		4				9	3
	9		7		1			4

Sudoku 251 & 252

	7		1					5
				8	4		2	
	4					9		
				5				8
	1	5		6		7	9	
8				7				
		1					6	
	9		5	4				
3					8		5	

6	3	2				1	8	
		4						7
		8			3			
			7	2				
	2		5		6		9	
				4	9			
			6			2		
7						6		
	6	1				7	5	4

Sudoku 253

	6							
3				6	4			2
	8	2					4	5
7	1							
			9		8			
							6	3
6	4					3	2	
9			2	5				7
							8	

Sudoku 254

8	4			9				
		7	1					
	9				2	1		
4					6	5		
		8	5		4	3		
		5	3					2
		4	8				1	
					1	6		
				4			7	8

Sudoku 255

7			3			1		
			1		9			4
		6						2
		4	9				7	6
				4				
5	6				1	9		
4						8		
3			6		5			
		9			4			7

Sudoku 256

	8						6	3
3					8			4
		6		4				8
	4				9			2
2	5						4	9
9			1				7	
5				1		9		
8			2					7
6	9						3	

8			2			6	5	7
			9					
5					4		1	8
3	6					8		
				5				
		8					4	5
7	4		8					2
					7			
9	8	6			2			3

	4			1				
8			3				4	7
	7	1					6	3
			4	5	1			
		2				5		
			6	2	8			
9	2					3	7	
1	8				7			6
				9			8	

7		4						
3			7			8	2	
	2		4					6
				7	6		3	
5								8
	4		8	1				
8					1		4	
	5	6			4			3
						9		5

2				3				
	3				9	2		1
			1				6	
3			9			8	5	
8			3		6			9
	1	6			4			3
	8				7			
7		3	2				9	
				6				8

Sudoku 261 & 262

		3	9			8		
					4			2
		8	6	1				4
		7					4	
	5		2		8		1	
	1					3		
8				9	5	2		
6			8					
		1			6	9		

	9		5		3			
	8							5
7	1			8				6
		3						9
	5		9	6	8		1	
9						5		
5				9			8	3
2							4	
			4		6		5	

Sudoku 263 & 264

4		7	6			8		
								3
	1	5			7			
		9		7	1			2
3				8				7
1			2	5		6		
			7			9	2	
9								
		6			4	3		8

			8	2			7	9
			9				8	6
				5		3		4
	2	1			3			
7								2
			1			7	6	
1		2		8				
3	4				6			
5	8			1	9			

7		5						
8						5		3
	1				8		2	
		3	4		5			
2		7	8		6	4		1
			7		1	3		
	4		1				3	
5		6						4
						9		7

5	7	4	1					
	9			4			2	
4			9	8				
3		8		6		9		7
				2	4			8
	6			9			7	
					3	4	9	5

Sudoku 267 & 268

	9	7			6			
8			2					
2	3		8					
		2	4	6		5		
	4						7	
		5		9	2	8		
					3		9	1
					7			2
			6			7	4	

4				2			5	
		5	3					7
7						4		
					1	7		6
9			2		6			3
3		4	7					
		8						5
6					2	3		
	2			9				1

				5			2	
		8			2		3	
7			1	6				8
9						5		7
	5						4	
2		1						9
4				1	8			3
	9		5			6		
	3			7				

				2			7	
					4	9		
		1		7			5	
	6				3	2		9
	2	7				1	6	
5		4	1				3	
	4			3		6		
		3	9					
	5			8				

Sudoku 271 & 272

1			9	6	2			
		3	8					
								5
8		1	2			4		6
	9						5	
2		6			5	1		3
7								
					8	2		
			1	3	6			9

			6	9			8	
6				8				5
5			1		7		2	
							9	1
		6				7		
9	4							
	1		7		3			4
8				4				3
	3			6	1			

					9	3		
	4			8			9	1
5		6					2	
				4		8		
7			5		8			4
		4		1				
	1					6		3
6	3			2			5	
		9	1					

			5	4				
9	1							8
					2		5	7
7					1		3	
		4		3		1		
	8		2					9
5	4		7					
8							1	2
				8	3			

Sudoku 275 & 276

		9						7
2						8		
	6			4	7		2	
			7					3
	2		1	8	6		7	
7					4			
	1		9	7			3	
		5						9
6						1		

	3				7		1	9
							6	2
	5			8	2			
						6	9	
4				6				1
	2	3						
			5	2			8	
9	8							
5	1		3				7	

6			7		5			3
9			1				6	
			8					
					1	7		5
		1				9		
4		2	3					
			2					
	3				9			8
7			5		8			2

|

|

				2			5	8
						4		
	2	3			9			
	8				5			1
7	9						8	2
3			7				6	
			6			1	9	
		8						
2	6			4				

Sudoku 279 & 280

	2				5	1		
	6			8	4		3	5
		3					9	
		2						7
			3	4	6			
8						3		
	5					9		
3	8		5	6			1	
		7	8				6	

7	5			4		8	1	
1						5		3
	3			2				
			8			2		
		3		7		6		
		6			2			
				1			8	
9		1						6
	2	4		3			7	1

Sudoku 281 & 282

8					2		6	
2	9							
		4	1	5		9		
		5	6	1				
		3		8		2		
				4	5	7		
		2		7	1	3		
							2	5
	1		3					7

	8	9			7		2	5
				1	5			
					9		7	
6	4					3		1
				9				
1		8					5	7
	6		9					
			8	3				
9	2		7			8	4	

Sudoku 283 & 284

	3	2				7	8	
								4
	7		8	3			5	
	2		7			6		
5				4				2
		6			9		1	
	5			1	7		9	
7								
	1	3				8	7	

		2		6	8			
			3		9			
8	9			1				
	7	1	4				9	
3								1
	4				7	8	5	
				2			4	3
			6		5			
			7	4		1		

			6					
	1	7	3			4	6	
4				1				
		3					8	2
	2	6				1	4	
5	7					6		
				8				4
	9	8			6	2	7	
					2			

				8		3	4	
	4	8			6			
			4					2
	3				9	5		7
	9						2	
7		6	2				9	
4					7			
			6			9	1	
	2	3		5				

Sudoku 287

			5		1			3
		8						4
	5		4	2		9		
			6			1		7
	7						9	
3		5			9			
		7		9	3		4	
5						8		
1			2		5			

Sudoku 288

3	1							6
	9	2			8			
	6				9			5
			7	6	5	3		
		7	3	8	2			
2			8				3	
			1			8	5	
9							6	2

Sudoku 289 & 290

			2					1
				8	9		2	
8		6			7	5		
1	7							
		5		6		9		
							1	7
		9	8			4		5
	8		4	3				
3					6			

		8			5			
6	1				4	9		
		2					8	3
	8							
	6	5		7		1	3	
							9	
7	9					3		
		3	5				7	1
			3			4		

		9		5				
	6	5	7	8				
1	2					4		
7							3	
		6		3		1		
	5							9
		2					4	1
				2	8	9	5	
				9		3		

			7				9	
	3			9				1
					8	5	3	
5	7				1			
		4				2		
			9				8	3
	9	7	8					
4				6			2	
	6				2			

Sudoku 293 & 294

			5		1		2	
		8	9	7				
5								
1		5					7	3
				4				
2	6					8		1
								9
				8	5	4		
	7		6		2			

	8					3		
			4	3			5	
		6			7			
9		7		2				
4								6
				4		1		2
			6			2		
	2			1	3			
		8					7	

Sudoku 295 & 296

4			5			1		3
	2		9				8	
	8		6					
						2		
5								7
		9						
					8		4	
	3				4		6	
6		7			2			5

				7		4		3
	6	7			8			5
3					1		7	
						8		9
	5			6			1	
8		1						
	1		7					4
6			4			2	3	
4		8		3				

Sudoku 297

	1							
6			5	2	1			9
							5	2
1	5				8	7		
	8			5			2	
		7	6				1	8
4	3							
5			3	8	4			1
							9	

Sudoku 298

	8				2			
4	3	9						
	2	6		4			8	1
2					1		7	
				5				
	9		6					2
1	4			7		9	5	
						7	4	3
			5				2	

Sudoku 299 & 300

			5			3		6
				4	7		8	
					1			4
		1					4	5
	4	8		7		9	6	
6	2					1		
2			8					
	5		7	1				
3		6			2			

	3						2	7
		6			2			
4	8			1				
		4			3	8		
	2	8				1	9	
		9	6			2		
				6			1	8
			4			5		
8	5						4	

	9	6		7				
5				9		4		6
			6			3		
	6		4		9			
		9				8		
			2		5		3	
		7			8			
8		3		4				2
				3		9	1	

	6			1	4			
7					8		1	2
	9	3						
	2		4					
8		6				1		9
					1		6	
						2	7	
6	1		7					5
			8	5			3	

Sudoku 303 & 304

8							9	
	4							
					3	4	6	8
		6	1	3				4
4			2		8			3
3				5	6	2		
7	8	9	5					
							4	
	1							9

		2		5				3
	5			6			8	1
			9			5		
6	9		1				4	
	7				9		5	2
		7			8			
9	4			7			3	
3				4		2		

	3		9			4		8
							7	
6					1	3		
2							1	3
		4	5		3	2		
5	1							9
		6	3					7
	5							
3		9			4		2	

	6	9				5		
			5	4	1			6
						7		
7			8			1		
	2			9			8	
		5			6			3
		7						
4			2	7	9			
		8				4	7	

Sudoku 307 & 308

			9		8			
6			2				1	
2			1			9		
	9	1					5	
3								4
	2					8	7	
		5			4			2
	7				1			8
			3		6			

	8							
6			5					
5	2		6		8	7		
	9			3		2		6
2				1				5
4		5		8			9	
		1	8		2		7	9
					9			2
							4	

Sudoku 309 & 310

	3	5			8			4
7				2		5		
	8		4					
	4							7
8			3	4	2			6
6							3	
					4		2	
		6		9				8
4			7			3	1	

					8		2	
		8	4				7	
		9	3	6				
5						9		
	7		9	4	2		3	
		6						1
				9	3	4		
	1				4	7		
	9		5					

Sudoku 311

4		2				3	1	
				6				9
					7			5
9				1	5			
	4						2	
			8	7				6
5			3					
2				4				
	9	3				7		4

Sudoku 312

3					8			
		5	6		9			
		2				3	4	
				9			2	
	3		8		4		5	
	7			5				
	8	7				9		
			9		3	8		
			1					7

Sudoku 313 & 314

		9	5				2	
		4				8		
	3	8			6		7	
				6	7			8
4				2				1
3			4	5				
	9		6			5	8	
		2				3		
	5				3	9		

	8	9		7	4		6	2
		6			8	3		
8						4		3
	4			9			8	
9		7						1
		2	8			1		
3	7		6	5		2	4	

Sudoku 315 & 316

			6	1	2			9
				4			8	2
								7
8					1		7	
	5	2				6	1	
	6		4					8
9								
3	4			2				
6			7	8	4			

9		2			8		5	
								4
		5			9	3		
		8		7		5		9
			9		2			
7		4		3		1		
		3	7			4		
8								
	2		5			7		6

Sudoku 317

2					5	4	7	
						9		1
			9		6			2
		3	4					
7		1				2		4
					3	8		
3			7		8			
8		6						
	2	4	6					8

Sudoku 318

8					3		6	5
				1		9		
		4		9	8			1
3	5							
		6				3		
							9	2
1			5	8		7		
		5		3				
9	6		2					8

Sudoku 319 & 320

			7			4		
	9		6					3
6				1			5	8
9		4			8			
	5						4	
			5			6		1
1	7			5				9
8					1		2	
		9			3			

4		3					7	
				9				
8					1			
7	3			1	6	2		
	9			4			8	
		2	9	8			1	5
			2					3
				6				
	5					9		2

Sudoku 321 & 322

		5			9			
		2				8		1
1			5	8			4	
			1	2		4	6	
	9	8		5	4			
	3			4	5			8
7		9				6		
			7			3		

					4		8	
			5	8				2
8			2	7				1
		9						
2		5	9		8	4		3
						9		
3				4	7			6
4				6	5			
	7		8					

Sudoku 323 & 324

			3		6			7
	3			9		4		
		4						9
	2		6		9		7	4
4	6		5		8		9	
2						9		
		1		3			8	
6			1		5			

	6				2			8
	5			9	1			
			5				9	
			2				4	
5		7		6		9		2
	4				7			
	2				9			
			6	7			3	
8			3				5	

4				3				
	1				8	6	2	4
					1			
8		3					4	
		5				7		
	6					3		2
			7					
9	8	2	4				6	
				9				5

					8	6		4
9	8	2						
	3				5			
				4		3		
6		8				7		5
		3		1				
			7				8	
						9	5	2
1		5	2					

Sudoku 327 & 328

		6	9		1		5	
5							6	
1	7				4	2		
			5					9
7				3				5
2					8			
		1	8				4	6
	5							8
	8		4		6	5		

2			8			3		
	3			5				2
	6						8	
	5			4	6			8
	4			7			2	
9			1	8			5	
	9						1	
1				3			4	
		2			5			7

1				9		6		2
	6	2					1	7
	9							3
			8					9
			4	2	3			
2					9			
5							7	
7	1					4	6	
6		8		1				5

6		4		8	7			
8				2				
	7	3	6					
					4	7		
		9	5		8	4		
		7	9					
					2	6	1	
				5				2
			7	3		5		9

Sudoku 331 & 332

	4							6
3				5		7		
			6		1			9
	2			4				1
7								8
4				8			9	
1			7		8			
		3		1				7
5							2	

		7	8		5		9	
		4	6					
1	8							
3			2					6
9				8				3
2					1			7
							1	8
					8	5		
	6		5		3	4		

Sudoku 333 & 334

				3		6		
	1						4	3
				2	5		7	
		1			4		8	
		8		6		3		
	9		2			7		
	7		9	8				
5	2						3	
		3		4				

			6					
						4		7
3		9	7	4			5	
2					1		8	6
	3						7	
8	6		4					3
	1			3	6	8		2
4		3						
					4			

Sudoku 335 & 336

	1	3						9
6			9	1				
	8				3		6	
7					5		9	
		8		2		3		
	2		7					8
	4		1				7	
				7	2			4
5						8	3	

			3				4	7
		8	1			2		
	7				5	3		
	9	2	4				1	
				5				
	8				2	5	3	
		1	9				7	
		9			1	4		
6	2				3			

Sudoku 337

	8				9	6		
7	1		6			2		
			1				7	
							1	
1	9		2		5		8	3
	3							
	6				4			
		5			7		2	9
		8	3				6	

Sudoku 338

	8	3		5			9	1
					2	5	7	
5								
	3	1		6				
2								7
				9		6	3	
								8
	5	8	4					
9	6			3		7	1	

Sudoku 339 & 340

8		3	6	7				
	6				4			
	7				5	9		
9							6	
	3	2				1	9	
	1							5
		5	8				3	
			4				8	
				3	7	6		9

		5	4	3			6	
	4			7	9			
7	1				6			
						9		
4		8				2		1
		3						
			7				8	4
			9	5			7	
	7			6	8	1		

7	9			5				
					4	5		
	2		3					1
		8	1				7	
2		6				4		8
	3				8	6		
1					9		3	
		9	7					
				8			2	9

9						7		
7		1	3	4	5			
	2		9					
						1		9
2			5		3			4
1		4						
					7		9	
			1	6	8	2		3
		3						1

	7						4	
				8				1
5		4	7				9	8
	6		2					
		1		9		6		
					3		5	
4	8				5	1		7
7				3				
	1						8	

			2					
	2	5		9		6		
4			8			2	3	
					5		7	
1								6
	4		9					
	1	3			8			4
		2		7		3	5	
					2			

Sudoku 345

4	6		8	9				
9		8			4		6	
	2							
5		1			8			7
				2				
2			9			8		3
							2	
	1		5			6		4
				3	6		7	9

Sudoku 346

6			1	9				5
				2	8			
9						7	1	
2	4				3			1
3			6				5	9
	2	5						4
			4	1				
4				3	6			8

Sudoku 347 & 348

9				3				
	6			9		3		
	8		1			7		
					5	2		
	4	2				1	8	
		8	2					
		7			9		4	
		5		7			6	
				8				1

			7			3		9
	7				6		4	5
	8						7	
				1	4			7
		4				9		
1			6	9				
	1						9	
3	4		8				5	
2		9			5			

7		9		3		5		
5			7					
					6		7	
	5			6		2		
	9			5			3	
		3		8			1	
	4		6					
					1			2
		8		4		3		6

	7				5		1	
8								7
4			7				2	3
				3	2		6	
				6				
	6		8	5				
3	5				4			2
9								1
	1		2				3	

Sudoku 351 & 352

	7			5		2		
		5	2	7		9		
	6							
		6	3			5		7
			7	9	8			
8		7			5	4		
							9	
		4		6	9	3		
		8		4			6	

	1	8		3	7			
	5				8		1	
6	2							1
1			5		2			4
5							3	7
	9		6				2	
			1	2		8	5	

		9	3					
	7		8					
8	6				7	3	1	
7	8			6	5			
			2	9			5	7
	4	2	6				9	8
					9		3	
					2	1		

	5	8			7	9		
				8				6
	2		3	5				
					4		2	
7	6						9	3
	9		1					
				9	2		1	
5				4				
		9	7			4	8	

Sudoku 355 & 356

	8				1		4	9
		4	3					
		3		9		5		
6			5	4				
	5						3	
				7	6			1
		5		6		4		
					4	1		
4	9		1				2	

6					3			
		2			9	8		
		1	8	2				4
			9				5	3
	3			7			8	
9	4				2			
7				1	6	3		
		3	4			1		
			7					5

Sudoku 357 & 358

			2					6
	8	6						
	5				3	1	7	4
		3		9			1	
			8		5			
	1			3		9		
2	4	5	1				3	
						4	5	
7					9			

		8					5	
		9		4		1		3
			1					8
					4		6	2
			9		3			
1	5		7					
8					7			
4		6		3		9		
	7					4		

Sudoku 359 & 360

6	3			8				1
	8						2	
		7	6		5			
			7			4		9
		1		4		8		
8		9			3			
			8		1	2		
	2						7	
5				6			1	8

4	8		5	1	2			
		2						
	9	1						
	2			9	1			
6		3		7		9		1
			6	3			5	
						8	4	
						7		
			7	6	3		2	9

Sudoku 361 & 362

			7			3		2
9					3			5
	7		5			9	1	
		9			1			
			2		5			
			4			6		
	6	7			2		4	
5			1					9
2		3			7			

4			5		7			1
	6						4	5
							9	
3					8			
6	5		9		2		1	4
			1					8
	2							
9	3						6	
7			8		6			9

Sudoku 363 & 364

	4	9			2			3
				4		1		
1			9		3	2		
	7							1
			2	7	4			
6							9	
		6	5		1			7
		1		8				
8			7			3	1	

						9		
7	2			5				
		1			3	2		4
6					1		3	
8				4				9
	1		7					5
1		6	5			7		
				7			4	1
		9						

Sudoku 365

		9			5			2
	7	5	3			1	4	
6							7	
						3	2	6
				1				
4	6	8						
	8							7
	9	3			2	5	6	
7			5			9		

Sudoku 366

2				9				
		6	5		8			9
1								5
	4				2	5		
5	6						9	1
		7	9				4	
7								2
3			4		1	8		
				3				7

Sudoku 367 & 368

5			7			4		
9	4	8		5	2			
7								9
	5				3		9	
				6				
	7		4				1	
1								2
			2	8		3	7	1
		6			1			8

		3		7				6
				8	9			
4	2					7	9	
1						4		
	6			1			3	
		5						8
	9	2					5	7
			3	6				
8				5		2		

7		6				9		
			1	9				
9			7				4	
	1				2			8
		9				3		
6			4				1	
	7				6			5
				1	3			
		2				1		3

		8		2				9
9		3	4	5		7		
		5	1	6				
6								
	9			7			4	
								8
				4	1	2		
		2		8	5	6		1
5				9		8		

Sudoku 371 & 372

	2			6	5		4	
			7					
9						5		
1			2	4			6	
	9	6				3	8	
	3			8	6			2
		1						5
					8			
	5		3	2			7	

		4			5			2
		1	7	6		5		
	3			2	1	6	8	
	9			4			1	
	1	8	3	7			5	
		5		3	2	8		
8			6			7		

7	6				2	1		
		5			3			
4		2						
9	2		5			6		
	3			6			9	
		8			9		2	5
						8		6
			7			9		
		6	4				1	2

			1				5	
7			4			8		
8	9			5				
6		3		1				
	1			8			9	
				7		2		1
				2			4	5
		5			7			6
	2				3			

	6				7			
7		9			3			4
		1		2				
	3	7	5					
8								3
					8	1	6	
				4		6		
1			2			9		8
			9				7	

		2			8			
7							1	6
	8		6	1				
	4		5					2
	3	7				5	6	
8					2		4	
				9	1		5	
3	1							9
			8			3		

Sudoku 377 & 378

		4		9				
			8					5
9	7		6					
4	8					5		3
		6	2		5	1		
5		1					7	9
					7		1	8
1					3			
				8		3		

2				8	1		5	
					9	1		
	3							2
5					7	9		6
			4		2			
9		3	5					1
6							7	
		2	8					
	5		7	2				9

Sudoku 379 & 380

6		3		2	8			
		8				3	6	
	2				7			1
			7			5	2	
				3				
	3	7			4			
3			8				9	
	5	1				7		
			9	5		2		4

					8		6	
				5				2
	9			6		4		8
6				3		9		
9	4			8			3	6
		2		7				1
7		3		2			1	
2				4				
	6		7					

Sudoku 381

9		6	2		8			
5	1				9	6		
				1				
	5	7				3		
2				3				7
		1				2	9	
				7				
		3	9				4	8
			8		3	9		6

Sudoku 382

4			9		2		5	
	7			1				
3			6			9		
2							1	
	4			6			2	
	3							7
		6			3			5
				9			8	
	5		1		7			6

Sudoku 383 & 384

4			1		7			
			9					2
	7	5			3	9		8
		4						
8		7				2		6
						1		
5		3	4			6	9	
7					6			
			7		2			3

	4	7				2	5	
9								
	8		7	1	3			
	7			3				
		3	2		9	8		
				6			1	
			8	4	5		3	
								8
	9	5				1	4	

Sudoku 385 & 386

					4			
		3	2	9		4	5	
			5	1				9
	6	9					4	
		5		8		3		
	3					8	1	
2				5	9			
	5	1		4	6	9		
			7					

		5	7					9
	8	2						6
1		4			5			
			5			8		
	7						3	
		9			4			
			8			6		3
4						9	5	
3					2	7		

Sudoku 387 & 388

	5				8			6
		7						1
	1		5	6				
7		5		3				8
	8			7			5	
4				5		3		2
				8	1		9	
1						2		
3			4				1	

		9						
6		1			3			2
		3	2	9			4	
				5	1			
	1	2				4	5	
			7	4				
	8			2	7	5		
3			6			1		9
						7		

Sudoku 389 & 390

		7	5					
2	1				8			
8					1			9
4	7			8			9	
		2				8		
	9			4			6	5
1			4					8
			8				5	6
					3	1		

4			2			6		
	5		1			2		
			3	6			5	1
	6						3	
		4				7		
	2						4	
9	1			4	8			
		5			9		8	
		7			2			9

Sudoku 391 & 392

9						3		2
							7	
		7			6	4	5	9
			1	3			8	
		6		7		1		
	1			6	8			
1	5	9	4			2		
	4							
6		2						4

		8		5	7	6		1
						5	2	
7				9				
	6	7	5		1			
			4		3	7	1	
				3				8
	7	9						
8		1	2	6		3		

Sudoku 393 & 394

9			7					
		3		2				
8	6	2			5			
4			1	9				
	8		4		6		1	
				7	2			4
			3			9	6	5
				5		7		
					4			3

		6	7		3			
	7		9		6		3	
9				8				
4		1		2				
	8						2	
				1		5		8
				3				4
	6		2		4		7	
			6		8	3		

Sudoku 395 & 396

			7			1		
6	4			5				
1					2		6	
		4					1	2
	1			9			8	
8	3					4		
	5		8					7
				7			9	8
		2			3			

		5				8		9
4			2			7		
7				3	9	1		
				8				6
			9	1	4			
5				2				
		7	1	6				8
		4			2			1
3		1				9		

			2	5				
		2		7	1	6	3	
	3							
5					7	1		
1	7						6	4
		3	1					8
							7	
	2	4	5	8		3		
				3	9			

9				1			8	
	5	7	9		8			
		2		7				
2			1				6	
		5				1		
	4				5			2
				9		3		
			7		3	2	5	
	6			5				4

Sudoku 399 & 400

	6	5		1	7			
		7	9				5	
	9			6				
						6	3	9
	7						4	
2	3	1						
				8			9	
	1				6	3		
			4	9		8	6	

						1		
					9			2
	5				1	3	7	9
			3		2		1	8
		9		5		2		
7	2		4		8			
6	7	4	9				8	
3			7					
		8						

		5		6		2		9
2					4			
	9			5				8
8		9						4
	3						1	
7						9		5
9				2			4	
			3					7
1		4		7		5		

3				8		6		7
		9	4	3			8	
		8		9				
						1	6	
	6						5	
	1	2						
				5		9		
	3			6	2	5		
5		6		4				8

Solutions

Puzzle 1

1	5	2	4	8	7	9	3	6
7	3	4	9	6	1	2	8	5
6	8	9	3	5	2	1	7	4
5	1	7	2	3	8	6	4	9
2	4	3	1	9	6	7	5	8
8	9	6	5	7	4	3	2	1
4	6	5	7	1	3	8	9	2
9	7	8	6	2	5	4	1	3
3	2	1	8	4	9	5	6	7

Puzzle 2

7	2	4	1	5	8	3	6	9
1	9	5	6	3	7	2	4	8
3	6	8	4	2	9	1	5	7
4	5	1	8	7	2	9	3	6
2	8	7	9	6	3	5	1	4
9	3	6	5	4	1	7	8	2
5	7	9	3	8	4	6	2	1
6	4	2	7	1	5	8	9	3
8	1	3	2	9	6	4	7	5

Puzzle 3

2	4	6	7	9	1	5	8	3
7	3	5	2	8	4	1	9	6
8	9	1	3	5	6	2	7	4
5	7	8	6	1	2	3	4	9
6	1	3	5	4	9	7	2	8
9	2	4	8	7	3	6	1	5
1	6	2	9	3	8	4	5	7
3	8	7	4	2	5	9	6	1
4	5	9	1	6	7	8	3	2

Puzzle 4

2	9	8	5	7	1	4	3	6
5	6	1	9	4	3	2	7	8
4	7	3	8	6	2	5	1	9
6	3	5	4	2	9	7	8	1
9	2	7	6	1	8	3	5	4
1	8	4	3	5	7	6	9	2
7	1	9	2	3	6	8	4	5
8	5	6	7	9	4	1	2	3
3	4	2	1	8	5	9	6	7

Puzzle 5

7	4	1	8	9	3	6	5	2
9	2	5	4	6	7	3	8	1
8	3	6	2	1	5	7	9	4
5	9	8	6	3	4	2	1	7
2	6	3	1	7	9	8	4	5
4	1	7	5	8	2	9	3	6
6	8	2	3	5	1	4	7	9
3	5	9	7	4	6	1	2	8
1	7	4	9	2	8	5	6	3

Puzzle 6

1	6	3	2	4	5	8	9	7
4	7	9	6	8	1	2	5	3
2	8	5	9	3	7	6	1	4
6	9	4	7	5	2	1	3	8
3	2	8	1	9	4	5	7	6
5	1	7	8	6	3	9	4	2
9	3	1	4	2	6	7	8	5
8	4	6	5	7	9	3	2	1
7	5	2	3	1	8	4	6	9

Puzzle 7

1	5	4	9	8	3	7	2	6
7	2	6	4	5	1	9	3	8
8	3	9	7	2	6	5	4	1
6	4	2	5	9	8	1	7	3
5	9	7	1	3	4	8	6	2
3	8	1	2	6	7	4	5	9
4	7	8	6	1	2	3	9	5
9	6	3	8	4	5	2	1	7
2	1	5	3	7	9	6	8	4

Puzzle 8

1	3	8	4	2	6	9	7	5
4	5	7	9	1	8	3	6	2
2	9	6	3	5	7	4	1	8
3	7	1	2	4	9	5	8	6
9	6	5	7	8	3	1	2	4
8	4	2	1	6	5	7	3	9
7	1	4	8	9	2	6	5	3
6	8	3	5	7	4	2	9	1
5	2	9	6	3	1	8	4	7

Puzzle 9

4	3	5	1	6	7	2	9	8
9	7	2	5	8	4	6	3	1
6	1	8	9	2	3	5	4	7
8	6	3	4	1	5	9	7	2
2	4	9	8	7	6	3	1	5
1	5	7	3	9	2	4	8	6
5	8	1	6	3	9	7	2	4
7	9	4	2	5	8	1	6	3
3	2	6	7	4	1	8	5	9

Puzzle 10

2	4	3	7	1	5	9	8	6
5	9	8	2	4	6	3	1	7
1	6	7	3	8	9	2	5	4
4	3	9	8	6	1	7	2	5
6	5	2	4	7	3	1	9	8
7	8	1	5	9	2	4	6	3
3	2	4	9	5	8	6	7	1
9	1	5	6	3	7	8	4	2
8	7	6	1	2	4	5	3	9

Puzzle 11

5	6	8	3	9	1	2	4	7
7	1	3	2	4	6	8	9	5
4	9	2	7	5	8	6	1	3
3	8	6	9	1	5	7	2	4
2	5	9	8	7	4	3	6	1
1	4	7	6	3	2	5	8	9
8	7	1	4	2	3	9	5	6
9	2	4	5	6	7	1	3	8
6	3	5	1	8	9	4	7	2

Puzzle 12

9	5	1	3	6	4	2	8	7
6	2	8	7	1	9	4	3	5
3	7	4	2	8	5	1	9	6
4	6	7	9	5	3	8	1	2
1	9	2	8	4	6	7	5	3
5	8	3	1	7	2	6	4	9
2	1	9	6	3	8	5	7	4
7	4	6	5	9	1	3	2	8
8	3	5	4	2	7	9	6	1

Puzzle 13

8	6	9	2	4	5	3	1	7
4	7	5	8	3	1	2	9	6
3	1	2	7	6	9	5	4	8
1	2	7	4	9	8	6	3	5
6	9	4	5	7	3	1	8	2
5	8	3	1	2	6	9	7	4
2	5	8	9	1	7	4	6	3
9	4	6	3	8	2	7	5	1
7	3	1	6	5	4	8	2	9

Puzzle 14

9	8	1	4	7	6	2	3	5
2	4	5	1	3	8	6	9	7
6	7	3	9	2	5	4	8	1
7	6	9	5	8	2	1	4	3
5	3	4	6	1	7	8	2	9
1	2	8	3	9	4	7	5	6
4	5	7	8	6	9	3	1	2
8	1	2	7	5	3	9	6	4
3	9	6	2	4	1	5	7	8

Puzzle 15

2	1	4	9	8	3	6	5	7
8	6	5	1	4	7	2	9	3
7	3	9	2	6	5	1	8	4
9	4	1	3	7	8	5	6	2
3	7	6	5	2	9	4	1	8
5	2	8	6	1	4	3	7	9
4	9	3	8	5	1	7	2	6
6	5	7	4	9	2	8	3	1
1	8	2	7	3	6	9	4	5

Puzzle 16

6	7	5	8	1	3	9	2	4
3	2	8	4	9	6	5	7	1
1	9	4	5	7	2	8	6	3
9	6	1	2	3	7	4	5	8
8	5	7	6	4	1	3	9	2
4	3	2	9	5	8	6	1	7
5	1	3	7	8	9	2	4	6
2	8	9	1	6	4	7	3	5
7	4	6	3	2	5	1	8	9

Solutions

Puzzle 17

4	5	2	9	6	1	3	8	7
7	1	6	3	8	5	4	9	2
3	8	9	4	2	7	6	1	5
1	2	5	8	9	6	7	3	4
9	3	7	1	4	2	8	5	6
6	4	8	5	7	3	9	2	1
2	9	3	7	1	4	5	6	8
8	6	4	2	5	9	1	7	3
5	7	1	6	3	8	2	4	9

Puzzle 18

1	5	7	8	2	6	4	9	3
6	9	3	4	1	7	5	2	8
8	2	4	5	3	9	1	6	7
4	7	8	6	9	1	2	3	5
5	6	1	3	4	2	7	8	9
9	3	2	7	5	8	6	1	4
7	1	5	9	6	3	8	4	2
2	4	9	1	8	5	3	7	6
3	8	6	2	7	4	9	5	1

Puzzle 19

6	2	4	5	1	8	7	9	3
5	1	9	4	7	3	8	6	2
3	8	7	9	2	6	4	1	5
9	7	2	3	8	5	6	4	1
8	6	3	7	4	1	5	2	9
1	4	5	2	6	9	3	8	7
4	9	6	1	3	7	2	5	8
7	5	8	6	9	2	1	3	4
2	3	1	8	5	4	9	7	6

Puzzle 20

5	6	2	4	8	7	3	9	1
9	4	1	3	5	6	7	8	2
8	3	7	1	2	9	6	5	4
6	2	9	5	7	1	4	3	8
1	7	8	9	3	4	2	6	5
4	5	3	8	6	2	1	7	9
3	1	4	7	9	8	5	2	6
2	9	5	6	1	3	8	4	7
7	8	6	2	4	5	9	1	3

Puzzle 21

8	2	5	6	4	3	1	9	7
3	4	7	8	9	1	5	2	6
6	9	1	7	2	5	3	4	8
2	5	6	1	7	9	8	3	4
9	7	4	3	8	2	6	1	5
1	8	3	5	6	4	2	7	9
5	3	8	4	1	7	9	6	2
4	6	2	9	3	8	7	5	1
7	1	9	2	5	6	4	8	3

Puzzle 22

4	1	9	2	3	7	6	5	8
5	7	2	9	8	6	3	1	4
6	8	3	1	5	4	9	2	7
2	5	7	4	1	3	8	6	9
3	9	1	8	6	5	7	4	2
8	4	6	7	9	2	5	3	1
1	2	5	3	7	9	4	8	6
7	6	8	5	4	1	2	9	3
9	3	4	6	2	8	1	7	5

Puzzle 23

3	8	9	2	1	6	4	5	7
1	7	2	8	5	4	3	6	9
5	6	4	3	7	9	1	8	2
2	9	1	5	6	3	7	4	8
6	3	8	4	2	7	9	1	5
4	5	7	1	9	8	2	3	6
9	2	3	6	4	5	8	7	1
7	4	5	9	8	1	6	2	3
8	1	6	7	3	2	5	9	4

Puzzle 24

8	4	1	5	9	6	2	7	3
5	3	9	7	1	2	8	6	4
6	7	2	3	4	8	5	1	9
9	5	4	8	3	7	6	2	1
7	1	8	2	6	4	9	3	5
2	6	3	1	5	9	7	4	8
1	9	6	4	7	5	3	8	2
4	8	7	9	2	3	1	5	6
3	2	5	6	8	1	4	9	7

Puzzle 25

1	8	6	5	7	4	3	2	9
5	2	3	9	1	6	8	4	7
9	7	4	3	2	8	1	5	6
2	5	1	8	9	3	7	6	4
4	3	9	2	6	7	5	8	1
8	6	7	1	4	5	9	3	2
7	9	8	6	5	2	4	1	3
6	1	5	4	3	9	2	7	8
3	4	2	7	8	1	6	9	5

Puzzle 26

4	1	9	8	5	3	2	7	6
8	6	2	7	4	1	3	9	5
7	5	3	2	9	6	4	1	8
5	2	7	1	3	4	6	8	9
1	3	6	9	8	5	7	4	2
9	8	4	6	7	2	5	3	1
2	7	5	4	1	8	9	6	3
3	9	1	5	6	7	8	2	4
6	4	8	3	2	9	1	5	7

Puzzle 27

9	3	6	2	8	1	4	5	7
5	1	2	7	4	3	9	8	6
7	4	8	6	5	9	3	2	1
6	7	4	1	9	2	5	3	8
3	8	5	4	7	6	1	9	2
1	2	9	5	3	8	7	6	4
8	5	1	9	6	4	2	7	3
2	6	7	3	1	5	8	4	9
4	9	3	8	2	7	6	1	5

Puzzle 28

7	2	9	4	8	3	5	1	6
3	4	1	6	9	5	2	8	7
8	5	6	2	1	7	9	3	4
6	9	7	3	2	1	4	5	8
2	1	5	9	4	8	6	7	3
4	8	3	5	7	6	1	2	9
9	7	8	1	5	4	3	6	2
5	6	2	7	3	9	8	4	1
1	3	4	8	6	2	7	9	5

Puzzle 29

4	7	3	5	2	1	8	9	6
2	9	1	3	6	8	7	5	4
5	8	6	7	9	4	3	1	2
7	1	8	2	5	3	6	4	9
9	6	2	8	4	7	5	3	1
3	4	5	6	1	9	2	7	8
6	2	9	1	3	5	4	8	7
1	5	7	4	8	2	9	6	3
8	3	4	9	7	6	1	2	5

Puzzle 30

2	1	7	5	3	8	6	4	9
4	8	5	9	2	6	7	3	1
6	3	9	1	7	4	5	2	8
8	9	3	4	6	5	1	7	2
7	5	4	2	8	1	3	9	6
1	6	2	3	9	7	8	5	4
9	2	8	6	5	3	4	1	7
3	7	1	8	4	2	9	6	5
5	4	6	7	1	9	2	8	3

Puzzle 31

7	8	5	4	6	1	3	9	2
4	3	6	2	9	5	7	8	1
9	1	2	3	8	7	4	6	5
3	5	9	1	7	4	8	2	6
8	4	1	6	2	3	5	7	9
6	2	7	8	5	9	1	3	4
5	7	3	9	4	2	6	1	8
1	9	8	5	3	6	2	4	7
2	6	4	7	1	8	9	5	3

Puzzle 32

9	7	8	4	6	2	3	5	1
6	1	4	5	3	8	9	7	2
5	2	3	7	1	9	8	6	4
2	4	7	1	9	5	6	3	8
1	9	6	8	4	3	5	2	7
3	8	5	2	7	6	4	1	9
8	6	1	9	5	7	2	4	3
7	3	9	6	2	4	1	8	5
4	5	2	3	8	1	7	9	6

Solutions

Puzzle 33

2	1	6	8	5	4	3	9	7
5	8	4	3	9	7	1	6	2
9	3	7	2	6	1	5	8	4
4	5	9	7	2	6	8	1	3
3	2	1	9	4	8	7	5	6
6	7	8	1	3	5	2	4	9
1	9	5	4	7	3	6	2	8
7	6	2	5	8	9	4	3	1
8	4	3	6	1	2	9	7	5

Puzzle 34

6	2	4	1	3	5	8	9	7
5	3	7	8	9	6	4	1	2
8	9	1	2	7	4	6	3	5
3	7	8	4	1	9	5	2	6
4	1	5	7	6	2	9	8	3
9	6	2	3	5	8	7	4	1
2	4	6	5	8	1	3	7	9
7	8	9	6	2	3	1	5	4
1	5	3	9	4	7	2	6	8

Puzzle 35

9	7	4	8	5	6	3	1	2
6	2	5	3	7	1	8	4	9
8	1	3	2	9	4	6	7	5
7	9	1	6	3	8	5	2	4
2	4	6	9	1	5	7	8	3
5	3	8	4	2	7	1	9	6
4	6	7	5	8	9	2	3	1
1	5	2	7	4	3	9	6	8
3	8	9	1	6	2	4	5	7

Puzzle 36

8	3	6	2	7	4	1	9	5
9	7	2	1	5	6	3	8	4
1	4	5	8	3	9	2	6	7
4	6	3	7	9	2	5	1	8
7	2	1	6	8	5	4	3	9
5	9	8	4	1	3	7	2	6
2	1	9	5	6	7	8	4	3
6	8	7	3	4	1	9	5	2
3	5	4	9	2	8	6	7	1

Puzzle 37

7	6	5	9	4	8	1	2	3
2	8	1	7	5	3	9	4	6
4	3	9	1	6	2	5	7	8
9	5	3	2	1	6	7	8	4
1	4	8	3	7	5	2	6	9
6	2	7	8	9	4	3	1	5
3	1	2	4	8	9	6	5	7
8	9	6	5	2	7	4	3	1
5	7	4	6	3	1	8	9	2

Puzzle 38

9	3	8	7	4	6	1	2	5
2	4	1	5	9	3	6	8	7
5	7	6	1	2	8	3	9	4
6	5	2	8	3	4	7	1	9
4	1	9	2	5	7	8	3	6
3	8	7	9	6	1	5	4	2
7	6	3	4	1	2	9	5	8
8	9	4	3	7	5	2	6	1
1	2	5	6	8	9	4	7	3

Puzzle 39

7	9	5	8	2	4	6	1	3
2	8	6	3	9	1	7	5	4
3	4	1	7	6	5	9	8	2
5	6	3	4	1	7	2	9	8
8	2	9	5	3	6	4	7	1
4	1	7	9	8	2	3	6	5
1	7	8	2	4	9	5	3	6
6	5	2	1	7	3	8	4	9
9	3	4	6	5	8	1	2	7

Puzzle 40

9	3	7	6	1	4	2	8	5
2	8	5	9	3	7	4	1	6
4	1	6	8	2	5	3	9	7
3	6	4	7	5	9	8	2	1
1	9	8	2	4	6	5	7	3
7	5	2	3	8	1	9	6	4
8	2	1	4	6	3	7	5	9
6	7	3	5	9	2	1	4	8
5	4	9	1	7	8	6	3	2

Solutions

Puzzle 41

6	4	8	1	3	2	9	7	5
2	9	3	4	5	7	6	1	8
5	7	1	9	6	8	4	3	2
1	3	7	5	8	4	2	6	9
9	8	6	2	1	3	5	4	7
4	2	5	7	9	6	1	8	3
8	5	2	6	7	1	3	9	4
3	6	4	8	2	9	7	5	1
7	1	9	3	4	5	8	2	6

Puzzle 42

9	6	5	2	7	1	8	4	3
8	2	4	6	9	3	5	1	7
1	7	3	5	4	8	9	6	2
2	5	6	1	8	9	7	3	4
4	8	9	3	2	7	1	5	6
7	3	1	4	6	5	2	9	8
5	1	2	7	3	6	4	8	9
3	4	8	9	1	2	6	7	5
6	9	7	8	5	4	3	2	1

Puzzle 43

1	5	9	7	6	2	3	4	8
8	6	4	5	1	3	7	9	2
7	3	2	8	4	9	5	6	1
3	2	1	9	7	6	8	5	4
4	7	6	1	5	8	2	3	9
9	8	5	2	3	4	6	1	7
2	4	8	6	9	5	1	7	3
5	1	3	4	2	7	9	8	6
6	9	7	3	8	1	4	2	5

Puzzle 44

1	6	2	8	7	9	3	5	4
4	3	5	1	2	6	7	8	9
7	9	8	3	4	5	2	6	1
6	5	1	2	9	8	4	7	3
8	2	3	7	1	4	6	9	5
9	4	7	5	6	3	8	1	2
2	8	6	9	3	1	5	4	7
5	7	9	4	8	2	1	3	6
3	1	4	6	5	7	9	2	8

Puzzle 45

5	1	6	7	9	8	4	3	2
7	3	9	4	1	2	8	5	6
4	2	8	5	6	3	7	1	9
2	7	4	1	3	9	5	6	8
9	6	3	8	4	5	1	2	7
1	8	5	2	7	6	3	9	4
8	9	2	3	5	4	6	7	1
3	4	7	6	2	1	9	8	5
6	5	1	9	8	7	2	4	3

Puzzle 46

6	4	3	7	8	5	1	2	9
2	5	8	9	1	4	6	3	7
9	1	7	6	3	2	5	4	8
8	9	2	4	5	1	7	6	3
3	6	4	2	7	8	9	1	5
1	7	5	3	6	9	4	8	2
4	8	6	5	2	7	3	9	1
7	2	9	1	4	3	8	5	6
5	3	1	8	9	6	2	7	4

Puzzle 47

9	2	1	8	3	7	6	5	4
6	8	3	9	4	5	7	2	1
5	7	4	2	1	6	8	3	9
8	1	7	4	2	9	5	6	3
3	9	5	6	7	1	4	8	2
2	4	6	5	8	3	1	9	7
7	3	2	1	5	8	9	4	6
4	6	8	7	9	2	3	1	5
1	5	9	3	6	4	2	7	8

Puzzle 48

3	4	7	1	2	6	8	5	9
6	5	1	7	8	9	2	3	4
9	8	2	3	4	5	7	6	1
5	7	8	6	9	1	3	4	2
1	6	4	2	3	8	9	7	5
2	9	3	4	5	7	1	8	6
8	3	9	5	6	2	4	1	7
4	1	6	9	7	3	5	2	8
7	2	5	8	1	4	6	9	3

Solutions

Puzzle 49

2	9	1	5	6	7	4	8	3
3	6	4	2	1	8	9	5	7
5	8	7	3	9	4	1	6	2
4	5	9	8	3	2	7	1	6
1	3	2	6	7	9	8	4	5
6	7	8	4	5	1	2	3	9
8	4	5	7	2	3	6	9	1
7	1	3	9	8	6	5	2	4
9	2	6	1	4	5	3	7	8

Puzzle 50

3	4	2	6	1	8	5	7	9
6	1	8	9	5	7	2	3	4
9	5	7	3	4	2	8	1	6
1	2	3	5	8	9	4	6	7
4	6	5	2	7	3	9	8	1
7	8	9	4	6	1	3	5	2
5	3	6	1	9	4	7	2	8
8	9	1	7	2	5	6	4	3
2	7	4	8	3	6	1	9	5

Puzzle 51

4	5	7	6	3	2	1	9	8
8	6	9	1	4	7	5	3	2
2	1	3	9	5	8	6	4	7
9	8	1	2	6	5	3	7	4
3	2	5	7	9	4	8	1	6
6	7	4	8	1	3	9	2	5
5	4	2	3	8	9	7	6	1
7	3	6	5	2	1	4	8	9
1	9	8	4	7	6	2	5	3

Puzzle 52

2	8	3	4	5	9	7	6	1
5	9	6	2	7	1	3	8	4
7	1	4	8	3	6	5	2	9
6	3	7	1	8	5	9	4	2
1	4	9	6	2	3	8	7	5
8	2	5	9	4	7	1	3	6
3	7	2	5	1	4	6	9	8
4	6	1	3	9	8	2	5	7
9	5	8	7	6	2	4	1	3

Puzzle 53

5	7	4	2	3	1	6	8	9
8	6	9	7	5	4	1	3	2
2	1	3	8	9	6	4	5	7
4	9	1	6	8	3	2	7	5
7	2	6	9	4	5	8	1	3
3	5	8	1	7	2	9	6	4
1	8	5	4	2	7	3	9	6
9	4	7	3	6	8	5	2	1
6	3	2	5	1	9	7	4	8

Puzzle 54

2	1	8	7	3	4	9	6	5
4	7	9	5	6	1	8	2	3
5	6	3	9	2	8	1	7	4
9	8	1	2	4	7	5	3	6
6	5	7	1	8	3	2	4	9
3	2	4	6	5	9	7	8	1
7	9	6	3	1	2	4	5	8
8	3	2	4	9	5	6	1	7
1	4	5	8	7	6	3	9	2

Puzzle 55

6	9	7	1	3	5	8	4	2
3	4	2	6	8	9	1	5	7
5	1	8	2	7	4	3	6	9
9	3	1	7	6	2	4	8	5
4	8	5	9	1	3	7	2	6
7	2	6	5	4	8	9	3	1
2	5	4	8	9	1	6	7	3
8	6	9	3	5	7	2	1	4
1	7	3	4	2	6	5	9	8

Puzzle 56

2	9	6	5	8	1	3	4	7
1	8	4	3	7	2	9	6	5
5	7	3	6	9	4	1	8	2
9	2	7	8	3	5	6	1	4
8	4	5	1	2	6	7	9	3
3	6	1	9	4	7	5	2	8
4	3	8	7	1	9	2	5	6
6	1	2	4	5	3	8	7	9
7	5	9	2	6	8	4	3	1

Puzzle 57

```
2 5 7 4 3 6 1 8 9
9 1 4 5 8 2 6 7 3
6 8 3 1 7 9 5 4 2
8 9 1 2 4 5 7 3 6
5 3 6 7 9 8 4 2 1
7 4 2 3 6 1 9 5 8
1 7 8 6 5 3 2 9 4
3 6 5 9 2 4 8 1 7
4 2 9 8 1 7 3 6 5
```

Puzzle 58

```
2 7 5 9 3 8 1 4 6
1 6 9 5 7 4 8 3 2
8 3 4 2 1 6 7 9 5
3 9 1 4 6 7 2 5 8
5 2 8 1 9 3 6 7 4
6 4 7 8 2 5 9 1 3
4 1 3 7 8 2 5 6 9
9 8 6 3 5 1 4 2 7
7 5 2 6 4 9 3 8 1
```

Puzzle 59

```
5 2 9 4 8 1 7 6 3
8 7 1 3 5 6 9 4 2
4 6 3 7 9 2 8 5 1
2 9 5 8 4 3 1 7 6
1 3 4 6 7 5 2 9 8
6 8 7 2 1 9 5 3 4
7 4 2 9 6 8 3 1 5
3 1 6 5 2 7 4 8 9
9 5 8 1 3 4 6 2 7
```

Puzzle 60

```
3 4 2 5 8 7 9 1 6
8 6 9 2 4 1 5 7 3
5 7 1 3 9 6 8 4 2
9 2 3 4 1 5 6 8 7
4 8 5 7 6 9 2 3 1
7 1 6 8 2 3 4 5 9
2 3 4 9 7 8 1 6 5
1 9 7 6 5 4 3 2 8
6 5 8 1 3 2 7 9 4
```

Puzzle 61

```
3 2 6 8 1 7 5 9 4
7 4 8 2 9 5 1 3 6
5 9 1 4 6 3 7 2 8
4 6 7 1 3 2 8 5 9
8 5 3 7 4 9 2 6 1
9 1 2 6 5 8 3 4 7
6 8 4 3 2 1 9 7 5
1 3 5 9 7 4 6 8 2
2 7 9 5 8 6 4 1 3
```

Puzzle 62

```
2 3 6 5 7 1 8 9 4
8 5 1 9 2 4 7 6 3
9 7 4 6 8 3 1 5 2
3 4 5 1 9 7 2 8 6
7 8 9 4 6 2 5 3 1
1 6 2 3 5 8 9 4 7
5 9 3 7 1 6 4 2 8
4 1 8 2 3 9 6 7 5
6 2 7 8 4 5 3 1 9
```

Puzzle 63

```
2 4 5 9 3 8 1 6 7
3 9 8 7 1 6 2 5 4
6 1 7 4 2 5 8 9 3
1 7 9 2 8 3 5 4 6
5 3 4 1 6 9 7 2 8
8 2 6 5 7 4 9 3 1
4 8 2 6 9 7 3 1 5
7 5 1 3 4 2 6 8 9
9 6 3 8 5 1 4 7 2
```

Puzzle 64

```
5 6 4 9 8 2 7 3 1
9 8 7 3 1 6 5 4 2
1 3 2 4 5 7 8 6 9
3 7 8 1 2 4 9 5 6
6 4 9 5 3 8 1 2 7
2 5 1 6 7 9 4 8 3
8 2 6 7 4 1 3 9 5
4 1 3 2 9 5 6 7 8
7 9 5 8 6 3 2 1 4
```

Solutions

Puzzle 65

3	2	9	7	1	8	4	6	5
4	6	8	3	2	5	9	7	1
5	1	7	6	4	9	8	3	2
7	9	6	8	5	1	2	4	3
8	5	3	2	7	4	1	9	6
2	4	1	9	6	3	5	8	7
6	7	4	5	9	2	3	1	8
9	8	5	1	3	6	7	2	4
1	3	2	4	8	7	6	5	9

Puzzle 66

6	1	9	3	2	5	7	8	4
2	7	3	8	4	9	6	1	5
4	8	5	6	1	7	9	2	3
3	5	4	2	9	6	8	7	1
7	6	1	5	8	4	2	3	9
9	2	8	1	7	3	5	4	6
8	9	7	4	5	1	3	6	2
1	3	2	9	6	8	4	5	7
5	4	6	7	3	2	1	9	8

Puzzle 67

4	3	9	2	8	7	5	6	1
8	7	1	5	3	6	2	4	9
5	6	2	4	1	9	7	3	8
7	4	3	8	5	2	1	9	6
1	9	6	7	4	3	8	2	5
2	5	8	6	9	1	4	7	3
6	8	5	3	7	4	9	1	2
9	2	4	1	6	8	3	5	7
3	1	7	9	2	5	6	8	4

Puzzle 68

4	2	9	5	7	1	6	8	3
7	3	5	6	4	8	1	9	2
8	1	6	2	3	9	5	7	4
2	5	1	9	6	4	8	3	7
9	8	7	3	2	5	4	1	6
6	4	3	1	8	7	2	5	9
5	9	4	7	1	2	3	6	8
1	6	8	4	9	3	7	2	5
3	7	2	8	5	6	9	4	1

Puzzle 69

3	6	2	4	9	1	8	5	7
5	8	7	6	2	3	1	4	9
4	1	9	7	5	8	3	6	2
9	3	5	8	4	6	7	2	1
1	7	4	9	3	2	5	8	6
6	2	8	5	1	7	4	9	3
8	4	6	3	7	9	2	1	5
2	9	3	1	8	5	6	7	4
7	5	1	2	6	4	9	3	8

Puzzle 70

9	5	1	8	7	4	6	3	2
8	7	4	2	6	3	5	1	9
6	2	3	5	9	1	8	4	7
1	4	9	6	5	2	3	7	8
7	8	6	4	3	9	2	5	1
2	3	5	1	8	7	9	6	4
4	1	8	3	2	6	7	9	5
3	9	2	7	4	5	1	8	6
5	6	7	9	1	8	4	2	3

Puzzle 71

8	7	3	2	1	5	9	4	6
4	9	5	6	8	3	1	7	2
1	6	2	7	9	4	5	8	3
5	4	1	9	3	2	7	6	8
6	2	9	4	7	8	3	5	1
7	3	8	1	5	6	2	9	4
3	1	6	5	4	7	8	2	9
2	8	7	3	6	9	4	1	5
9	5	4	8	2	1	6	3	7

Puzzle 72

8	5	6	7	1	9	3	4	2
3	7	4	5	2	6	8	1	9
1	2	9	4	3	8	7	6	5
9	4	5	2	6	7	1	8	3
7	3	1	8	9	4	5	2	6
2	6	8	3	5	1	4	9	7
5	1	3	9	8	2	6	7	4
4	8	2	6	7	3	9	5	1
6	9	7	1	4	5	2	3	8

Puzzle 73

4	7	1	9	2	8	5	3	6
8	5	6	1	3	7	4	2	9
3	9	2	4	5	6	8	7	1
6	2	4	7	9	5	3	1	8
9	1	8	6	4	3	2	5	7
7	3	5	8	1	2	6	9	4
5	4	7	3	6	1	9	8	2
1	6	3	2	8	9	7	4	5
2	8	9	5	7	4	1	6	3

Puzzle 74

6	4	2	5	1	3	8	7	9
3	8	7	6	9	4	5	1	2
9	1	5	7	2	8	3	6	4
2	3	1	4	6	9	7	8	5
5	9	8	2	7	1	6	4	3
7	6	4	8	3	5	9	2	1
4	7	9	1	5	6	2	3	8
1	5	6	3	8	2	4	9	7
8	2	3	9	4	7	1	5	6

Puzzle 75

4	3	1	2	6	7	5	9	8
2	5	6	4	9	8	1	3	7
8	9	7	5	3	1	6	2	4
3	2	4	6	8	5	9	7	1
7	6	8	9	1	2	4	5	3
9	1	5	3	7	4	8	6	2
5	4	3	8	2	9	7	1	6
6	7	9	1	4	3	2	8	5
1	8	2	7	5	6	3	4	9

Puzzle 76

9	4	6	1	2	3	5	8	7
2	1	8	5	7	4	3	6	9
3	5	7	6	8	9	4	1	2
5	7	3	8	1	2	6	9	4
4	8	2	3	9	6	1	7	5
1	6	9	7	4	5	8	2	3
8	2	1	4	5	7	9	3	6
7	3	4	9	6	8	2	5	1
6	9	5	2	3	1	7	4	8

Puzzle 77

6	1	8	9	7	3	5	4	2
5	4	2	8	6	1	9	3	7
3	7	9	2	5	4	1	8	6
4	9	7	6	3	2	8	1	5
2	5	3	1	8	9	6	7	4
8	6	1	5	4	7	2	9	3
9	3	5	4	1	6	7	2	8
1	8	4	7	2	5	3	6	9
7	2	6	3	9	8	4	5	1

Puzzle 78

3	5	2	6	8	7	1	9	4
7	9	6	5	4	1	2	8	3
1	4	8	3	9	2	5	6	7
2	1	9	8	3	5	4	7	6
8	3	7	1	6	4	9	2	5
5	6	4	2	7	9	8	3	1
4	8	5	7	2	3	6	1	9
6	7	1	9	5	8	3	4	2
9	2	3	4	1	6	7	5	8

Puzzle 79

2	7	3	9	8	6	1	4	5
4	1	5	3	7	2	6	8	9
9	6	8	4	1	5	7	3	2
7	9	6	5	4	3	8	2	1
8	5	1	7	2	9	4	6	3
3	4	2	1	6	8	5	9	7
6	8	7	2	9	1	3	5	4
1	3	9	8	5	4	2	7	6
5	2	4	6	3	7	9	1	8

Puzzle 80

5	7	4	1	2	6	3	8	9
9	1	8	4	5	3	7	2	6
3	2	6	9	7	8	4	5	1
6	4	7	3	8	5	1	9	2
2	9	5	7	6	1	8	3	4
1	8	3	2	9	4	6	7	5
8	3	1	5	4	2	9	6	7
7	6	2	8	1	9	5	4	3
4	5	9	6	3	7	2	1	8

Solutions

Puzzle 81

1	5	7	8	4	3	9	6	2
9	3	4	2	6	7	8	1	5
6	8	2	9	1	5	7	4	3
5	1	8	4	3	9	6	2	7
7	4	3	6	8	2	1	5	9
2	9	6	5	7	1	4	3	8
4	2	9	1	5	8	3	7	6
3	6	5	7	9	4	2	8	1
8	7	1	3	2	6	5	9	4

Puzzle 82

2	8	4	9	3	5	6	1	7
3	9	7	1	6	8	4	5	2
5	1	6	2	7	4	3	9	8
1	4	3	7	8	6	5	2	9
7	5	2	3	9	1	8	6	4
9	6	8	4	5	2	1	7	3
4	7	9	6	1	3	2	8	5
6	3	5	8	2	7	9	4	1
8	2	1	5	4	9	7	3	6

Puzzle 83

2	7	5	9	8	6	3	1	4
9	4	8	3	5	1	2	6	7
1	3	6	2	4	7	8	5	9
8	6	9	1	3	5	7	4	2
7	5	4	6	2	9	1	3	8
3	2	1	4	7	8	5	9	6
4	1	3	7	9	2	6	8	5
6	8	7	5	1	4	9	2	3
5	9	2	8	6	3	4	7	1

Puzzle 84

9	7	2	8	6	1	5	4	3
5	6	4	2	9	3	8	7	1
1	3	8	4	5	7	9	6	2
4	9	1	7	2	5	6	3	8
6	5	3	1	4	8	2	9	7
2	8	7	9	3	6	4	1	5
3	2	6	5	7	4	1	8	9
7	1	9	6	8	2	3	5	4
8	4	5	3	1	9	7	2	6

Puzzle 85

5	1	6	8	2	7	9	4	3
2	3	7	9	4	6	8	1	5
8	9	4	1	5	3	2	6	7
1	6	2	7	3	9	4	5	8
3	7	5	4	1	8	6	2	9
4	8	9	5	6	2	7	3	1
6	5	8	3	7	4	1	9	2
7	4	1	2	9	5	3	8	6
9	2	3	6	8	1	5	7	4

Puzzle 86

6	7	2	1	8	5	9	3	4
8	4	3	9	6	7	1	5	2
1	9	5	4	3	2	7	6	8
9	6	4	5	2	3	8	7	1
7	5	1	6	4	8	3	2	9
2	3	8	7	1	9	5	4	6
5	2	9	8	7	6	4	1	3
3	1	7	2	9	4	6	8	5
4	8	6	3	5	1	2	9	7

Puzzle 87

2	1	4	9	5	8	7	3	6
5	8	9	7	3	6	2	4	1
7	6	3	1	4	2	5	9	8
3	4	7	8	2	1	6	5	9
1	2	5	3	6	9	8	7	4
8	9	6	5	7	4	3	1	2
4	5	8	6	9	3	1	2	7
9	7	1	2	8	5	4	6	3
6	3	2	4	1	7	9	8	5

Puzzle 88

5	3	1	8	6	4	2	7	9
8	9	2	1	3	7	4	6	5
6	7	4	5	2	9	3	8	1
2	1	6	7	9	5	8	3	4
3	8	5	4	1	6	9	2	7
7	4	9	3	8	2	1	5	6
4	5	8	9	7	3	6	1	2
1	6	7	2	4	8	5	9	3
9	2	3	6	5	1	7	4	8

Solutions

Puzzle 89

4	2	8	1	5	9	3	7	6
5	6	3	7	4	2	1	8	9
7	9	1	6	3	8	4	5	2
3	8	5	2	7	1	9	6	4
6	1	4	8	9	5	7	2	3
9	7	2	3	6	4	5	1	8
8	4	9	5	2	7	6	3	1
1	5	6	4	8	3	2	9	7
2	3	7	9	1	6	8	4	5

Puzzle 90

5	8	7	9	1	6	3	4	2
6	4	9	8	3	2	7	1	5
1	2	3	5	7	4	9	8	6
8	3	5	2	4	9	6	7	1
2	6	4	7	5	1	8	9	3
9	7	1	6	8	3	2	5	4
3	5	8	1	6	7	4	2	9
4	1	2	3	9	8	5	6	7
7	9	6	4	2	5	1	3	8

Puzzle 91

1	6	7	8	5	9	3	4	2
2	9	8	3	4	1	5	6	7
3	5	4	2	6	7	9	1	8
4	7	9	1	2	6	8	3	5
6	8	2	5	7	3	1	9	4
5	1	3	4	9	8	7	2	6
8	4	5	9	1	2	6	7	3
7	3	1	6	8	4	2	5	9
9	2	6	7	3	5	4	8	1

Puzzle 92

9	1	3	8	6	5	7	2	4
7	4	5	2	1	9	3	8	6
8	6	2	3	7	4	1	9	5
5	9	4	7	2	8	6	1	3
3	7	1	9	4	6	8	5	2
6	2	8	1	5	3	4	7	9
1	5	7	6	3	2	9	4	8
2	3	9	4	8	7	5	6	1
4	8	6	5	9	1	2	3	7

Puzzle 93

2	5	8	9	1	4	6	3	7
3	7	6	8	2	5	1	4	9
4	1	9	3	6	7	5	2	8
6	9	3	7	5	1	4	8	2
5	8	2	6	4	3	9	7	1
7	4	1	2	8	9	3	6	5
8	2	5	4	9	6	7	1	3
9	3	4	1	7	8	2	5	6
1	6	7	5	3	2	8	9	4

Puzzle 94

6	3	9	1	8	7	5	4	2
8	2	5	9	4	6	7	1	3
1	4	7	3	5	2	8	6	9
2	9	8	4	3	5	1	7	6
5	7	3	6	1	9	2	8	4
4	6	1	2	7	8	9	3	5
3	5	2	8	6	1	4	9	7
9	1	6	7	2	4	3	5	8
7	8	4	5	9	3	6	2	1

Puzzle 95

7	5	6	9	3	4	1	2	8
4	8	9	1	7	2	6	5	3
2	3	1	5	6	8	4	9	7
8	1	7	4	2	3	9	6	5
5	9	2	6	8	1	3	7	4
3	6	4	7	5	9	8	1	2
6	2	8	3	9	5	7	4	1
9	4	5	8	1	7	2	3	6
1	7	3	2	4	6	5	8	9

Puzzle 96

7	2	5	6	8	1	4	3	9
1	4	3	7	9	5	2	6	8
8	9	6	3	2	4	1	7	5
4	6	9	8	7	3	5	2	1
2	8	7	5	1	6	3	9	4
3	5	1	9	4	2	7	8	6
5	7	2	1	6	9	8	4	3
6	3	4	2	5	8	9	1	7
9	1	8	4	3	7	6	5	2

Solutions

Puzzle 97

6	8	4	2	3	1	7	9	5
5	9	2	7	8	6	3	4	1
1	7	3	4	5	9	2	6	8
4	6	1	5	9	7	8	3	2
9	5	8	3	2	4	6	1	7
2	3	7	6	1	8	4	5	9
7	4	5	9	6	2	1	8	3
8	2	9	1	4	3	5	7	6
3	1	6	8	7	5	9	2	4

Puzzle 98

2	1	6	8	3	7	5	9	4
4	5	3	6	2	9	1	7	8
9	8	7	5	4	1	6	3	2
5	6	8	7	9	2	3	4	1
7	3	4	1	6	5	8	2	9
1	9	2	4	8	3	7	6	5
8	7	9	3	5	4	2	1	6
6	2	1	9	7	8	4	5	3
3	4	5	2	1	6	9	8	7

Puzzle 99

5	4	1	6	9	2	7	3	8
7	3	2	4	1	8	9	5	6
8	6	9	3	7	5	2	4	1
3	9	8	2	6	4	5	1	7
2	7	5	1	8	3	4	6	9
6	1	4	7	5	9	3	8	2
9	8	3	5	2	1	6	7	4
1	5	7	9	4	6	8	2	3
4	2	6	8	3	7	1	9	5

Puzzle 100

2	4	5	3	8	1	6	7	9
7	1	6	4	2	9	3	5	8
9	3	8	7	5	6	4	1	2
4	7	2	6	1	5	9	8	3
6	8	1	9	3	4	5	2	7
3	5	9	8	7	2	1	6	4
1	2	3	5	4	7	8	9	6
5	6	4	2	9	8	7	3	1
8	9	7	1	6	3	2	4	5

Puzzle 101

5	8	2	7	1	9	6	4	3
7	6	3	4	2	8	5	9	1
9	4	1	5	6	3	2	8	7
6	3	8	1	5	4	7	2	9
1	5	7	6	9	2	8	3	4
4	2	9	8	3	7	1	5	6
3	7	5	9	8	6	4	1	2
2	1	6	3	4	5	9	7	8
8	9	4	2	7	1	3	6	5

Puzzle 102

4	1	3	7	6	8	5	9	2
7	5	2	1	9	3	6	8	4
8	6	9	4	2	5	3	7	1
1	9	8	5	4	2	7	3	6
6	2	4	3	7	9	1	5	8
3	7	5	8	1	6	2	4	9
5	8	6	2	3	4	9	1	7
9	4	1	6	5	7	8	2	3
2	3	7	9	8	1	4	6	5

Puzzle 103

5	1	2	8	7	3	9	6	4
3	4	9	6	5	2	1	8	7
6	8	7	4	1	9	3	2	5
9	6	8	1	3	5	7	4	2
4	2	3	9	8	7	5	1	6
7	5	1	2	4	6	8	3	9
8	7	4	5	2	1	6	9	3
1	9	5	3	6	4	2	7	8
2	3	6	7	9	8	4	5	1

Puzzle 104

6	3	9	1	4	5	8	7	2
8	4	1	7	2	3	9	5	6
2	5	7	8	9	6	4	3	1
1	2	3	6	7	8	5	9	4
7	8	6	9	5	4	2	1	3
5	9	4	3	1	2	7	6	8
4	6	8	5	3	9	1	2	7
9	7	2	4	6	1	3	8	5
3	1	5	2	8	7	6	4	9

Puzzle 105

5	1	2	7	4	9	6	3	8
9	6	8	2	1	3	7	4	5
4	7	3	5	6	8	2	9	1
3	9	6	1	8	2	4	5	7
2	8	5	9	7	4	3	1	6
7	4	1	3	5	6	9	8	2
6	5	7	4	9	1	8	2	3
8	2	4	6	3	5	1	7	9
1	3	9	8	2	7	5	6	4

Puzzle 106

4	5	9	7	6	3	8	1	2
8	7	1	2	4	5	9	3	6
6	3	2	9	1	8	5	4	7
3	4	7	1	8	6	2	9	5
5	1	6	3	9	2	7	8	4
2	9	8	5	7	4	1	6	3
7	6	4	8	5	1	3	2	9
1	2	5	6	3	9	4	7	8
9	8	3	4	2	7	6	5	1

Puzzle 107

3	9	5	7	1	8	4	2	6
8	6	7	4	9	2	3	1	5
4	2	1	3	6	5	8	7	9
1	3	9	2	8	7	5	6	4
6	8	4	1	5	9	2	3	7
5	7	2	6	4	3	1	9	8
9	4	3	5	2	6	7	8	1
2	5	6	8	7	1	9	4	3
7	1	8	9	3	4	6	5	2

Puzzle 108

6	7	4	8	5	1	3	9	2
2	5	1	4	3	9	8	7	6
8	3	9	2	6	7	4	5	1
4	8	7	5	2	3	6	1	9
5	6	3	9	1	8	2	4	7
1	9	2	7	4	6	5	8	3
3	1	8	6	7	5	9	2	4
7	2	5	3	9	4	1	6	8
9	4	6	1	8	2	7	3	5

Puzzle 109

3	4	2	6	1	9	7	8	5
1	8	7	4	2	5	3	6	9
6	5	9	8	7	3	4	2	1
2	1	4	9	5	6	8	7	3
9	3	6	1	8	7	2	5	4
8	7	5	3	4	2	1	9	6
5	6	8	7	3	1	9	4	2
4	2	1	5	9	8	6	3	7
7	9	3	2	6	4	5	1	8

Puzzle 110

7	4	6	8	1	9	5	3	2
3	8	1	5	2	7	9	6	4
9	2	5	4	3	6	1	8	7
4	1	9	3	6	8	7	2	5
8	5	7	9	4	2	3	1	6
6	3	2	7	5	1	8	4	9
1	7	4	2	9	3	6	5	8
5	6	8	1	7	4	2	9	3
2	9	3	6	8	5	4	7	1

Puzzle 111

5	1	6	3	2	4	9	7	8
3	7	2	9	8	6	4	1	5
8	4	9	7	5	1	6	3	2
4	5	8	2	7	3	1	6	9
1	9	3	6	4	8	5	2	7
6	2	7	1	9	5	8	4	3
2	8	5	4	6	7	3	9	1
9	3	4	8	1	2	7	5	6
7	6	1	5	3	9	2	8	4

Puzzle 112

8	4	3	7	9	5	2	1	6
7	2	1	3	8	6	4	5	9
5	6	9	2	4	1	3	7	8
6	7	2	1	3	4	9	8	5
3	9	8	5	7	2	1	6	4
4	1	5	8	6	9	7	3	2
2	3	6	9	5	7	8	4	1
1	8	4	6	2	3	5	9	7
9	5	7	4	1	8	6	2	3

Solutions

Puzzle 113

2	8	1	7	9	4	3	6	5
6	7	9	1	5	3	2	8	4
4	3	5	8	2	6	9	1	7
8	5	2	6	3	7	1	4	9
9	1	4	5	8	2	7	3	6
3	6	7	9	4	1	8	5	2
7	9	6	4	1	8	5	2	3
5	2	8	3	6	9	4	7	1
1	4	3	2	7	5	6	9	8

Puzzle 114

1	8	9	6	4	3	5	2	7
4	5	2	7	1	8	9	6	3
3	7	6	9	5	2	4	8	1
9	2	8	1	3	5	6	7	4
6	3	7	2	9	4	8	1	5
5	4	1	8	7	6	2	3	9
8	1	4	5	2	7	3	9	6
2	9	3	4	6	1	7	5	8
7	6	5	3	8	9	1	4	2

Puzzle 115

5	7	9	6	3	8	2	1	4
2	1	3	4	9	7	5	8	6
4	6	8	5	2	1	3	7	9
3	9	2	1	6	5	8	4	7
1	5	7	8	4	3	6	9	2
8	4	6	9	7	2	1	5	3
9	2	1	3	8	4	7	6	5
6	3	5	7	1	9	4	2	8
7	8	4	2	5	6	9	3	1

Puzzle 116

1	9	6	3	7	5	4	8	2
8	5	4	2	1	6	3	9	7
7	2	3	9	8	4	5	1	6
2	8	9	7	6	3	1	4	5
6	3	5	1	4	2	9	7	8
4	7	1	5	9	8	6	2	3
9	6	2	4	5	7	8	3	1
3	1	8	6	2	9	7	5	4
5	4	7	8	3	1	2	6	9

Puzzle 117

3	7	9	5	8	2	4	6	1
6	2	4	1	7	9	3	5	8
8	1	5	4	6	3	2	9	7
1	4	6	9	5	7	8	3	2
5	8	7	2	3	6	1	4	9
2	9	3	8	4	1	5	7	6
9	6	8	3	1	4	7	2	5
4	5	2	7	9	8	6	1	3
7	3	1	6	2	5	9	8	4

Puzzle 118

5	6	2	3	8	4	9	7	1
7	8	4	1	9	6	3	2	5
3	1	9	5	2	7	6	4	8
1	5	6	2	7	8	4	3	9
9	2	8	4	5	3	7	1	6
4	7	3	9	6	1	5	8	2
6	9	7	8	3	2	1	5	4
8	3	1	6	4	5	2	9	7
2	4	5	7	1	9	8	6	3

Puzzle 119

6	1	8	4	3	5	2	7	9
9	4	2	8	1	7	5	6	3
3	5	7	2	6	9	4	8	1
8	9	6	5	7	2	3	1	4
1	2	5	3	8	4	7	9	6
7	3	4	1	9	6	8	2	5
4	6	3	7	2	1	9	5	8
5	7	9	6	4	8	1	3	2
2	8	1	9	5	3	6	4	7

Puzzle 120

7	5	2	3	9	8	4	6	1
4	6	9	2	7	1	5	3	8
1	8	3	6	5	4	2	9	7
3	9	7	8	1	2	6	5	4
6	4	1	5	3	7	8	2	9
5	2	8	9	4	6	7	1	3
8	1	5	7	2	3	9	4	6
2	7	4	1	6	9	3	8	5
9	3	6	4	8	5	1	7	2

Puzzle 121

1	2	7	3	9	8	4	5	6
5	3	4	6	1	2	9	7	8
9	6	8	4	5	7	2	1	3
4	5	2	9	7	3	6	8	1
8	1	9	5	2	6	3	4	7
6	7	3	8	4	1	5	9	2
2	8	5	7	6	4	1	3	9
7	4	6	1	3	9	8	2	5
3	9	1	2	8	5	7	6	4

Puzzle 122

1	7	4	9	8	3	5	6	2
5	6	8	4	1	2	3	9	7
3	9	2	7	6	5	4	1	8
8	3	6	2	4	9	7	5	1
4	1	7	6	5	8	2	3	9
9	2	5	1	3	7	8	4	6
2	4	9	3	7	6	1	8	5
6	8	3	5	2	1	9	7	4
7	5	1	8	9	4	6	2	3

Puzzle 123

4	7	6	3	5	8	9	1	2
2	5	8	9	1	6	4	3	7
9	1	3	2	4	7	6	8	5
1	8	7	4	6	9	2	5	3
6	2	5	1	8	3	7	4	9
3	4	9	5	7	2	8	6	1
8	6	2	7	3	5	1	9	4
7	3	1	8	9	4	5	2	6
5	9	4	6	2	1	3	7	8

Puzzle 124

2	8	3	4	1	6	7	9	5
7	5	6	9	3	8	2	1	4
4	9	1	5	7	2	8	3	6
6	1	8	3	2	4	9	5	7
5	3	7	1	6	9	4	2	8
9	4	2	7	8	5	1	6	3
1	7	4	2	5	3	6	8	9
3	6	9	8	4	1	5	7	2
8	2	5	6	9	7	3	4	1

Puzzle 125

6	8	4	2	9	7	3	1	5
2	3	9	5	1	8	4	6	7
1	5	7	4	6	3	2	9	8
3	4	2	1	8	9	7	5	6
8	7	6	3	5	2	9	4	1
5	9	1	7	4	6	8	2	3
9	2	8	6	7	1	5	3	4
7	1	5	9	3	4	6	8	2
4	6	3	8	2	5	1	7	9

Puzzle 126

9	3	2	4	7	5	1	6	8
7	6	5	1	2	8	9	3	4
1	4	8	6	9	3	2	7	5
6	9	3	5	8	1	7	4	2
5	8	4	7	6	2	3	9	1
2	1	7	3	4	9	8	5	6
3	2	9	8	5	4	6	1	7
4	7	1	2	3	6	5	8	9
8	5	6	9	1	7	4	2	3

Puzzle 127

2	8	4	6	7	3	5	1	9
9	3	5	1	4	8	6	7	2
6	1	7	5	9	2	3	4	8
5	6	8	9	1	7	4	2	3
4	2	3	8	5	6	1	9	7
7	9	1	2	3	4	8	5	6
8	4	9	7	6	1	2	3	5
1	5	6	3	2	9	7	8	4
3	7	2	4	8	5	9	6	1

Puzzle 128

7	1	6	4	5	8	9	2	3
4	9	8	3	2	6	7	1	5
3	5	2	1	7	9	8	6	4
1	2	3	8	9	5	6	4	7
6	4	9	2	1	7	5	3	8
8	7	5	6	4	3	2	9	1
9	8	1	7	3	2	4	5	6
2	3	7	5	6	4	1	8	9
5	6	4	9	8	1	3	7	2

Solutions

Puzzle 129

1	7	8	4	9	3	6	5	2
5	3	9	6	2	7	4	1	8
4	6	2	1	8	5	3	7	9
2	8	5	3	7	9	1	4	6
3	1	7	8	6	4	2	9	5
9	4	6	5	1	2	8	3	7
6	2	3	9	5	1	7	8	4
8	5	4	7	3	6	9	2	1
7	9	1	2	4	8	5	6	3

Puzzle 130

2	8	9	4	1	5	3	7	6
1	4	6	7	9	3	5	2	8
3	7	5	6	2	8	1	4	9
6	9	4	2	5	1	7	8	3
8	1	7	3	4	9	2	6	5
5	3	2	8	6	7	4	9	1
4	5	8	1	7	6	9	3	2
7	6	1	9	3	2	8	5	4
9	2	3	5	8	4	6	1	7

Puzzle 131

9	5	4	2	3	8	7	1	6
8	1	3	4	7	6	9	5	2
6	7	2	5	1	9	4	8	3
3	2	7	9	8	1	6	4	5
4	6	1	3	2	5	8	7	9
5	8	9	7	6	4	2	3	1
7	3	8	1	9	2	5	6	4
1	9	5	6	4	7	3	2	8
2	4	6	8	5	3	1	9	7

Puzzle 132

1	8	4	2	9	5	7	3	6
9	6	7	3	8	1	2	4	5
5	2	3	4	6	7	1	8	9
4	9	2	6	7	3	8	5	1
7	5	8	1	2	9	3	6	4
3	1	6	8	5	4	9	2	7
6	7	9	5	3	2	4	1	8
2	4	5	9	1	8	6	7	3
8	3	1	7	4	6	5	9	2

Puzzle 133

9	3	6	5	1	2	8	4	7
7	2	5	9	4	8	6	3	1
1	4	8	6	3	7	9	5	2
4	5	7	3	9	6	1	2	8
2	9	3	8	7	1	5	6	4
8	6	1	2	5	4	3	7	9
3	1	2	4	6	9	7	8	5
5	8	9	7	2	3	4	1	6
6	7	4	1	8	5	2	9	3

Puzzle 134

4	2	5	1	6	3	7	9	8
1	3	7	9	2	8	6	5	4
9	8	6	7	5	4	3	2	1
5	1	4	6	7	9	8	3	2
6	9	3	4	8	2	5	1	7
8	7	2	5	3	1	9	4	6
7	4	1	8	9	5	2	6	3
2	6	9	3	4	7	1	8	5
3	5	8	2	1	6	4	7	9

Puzzle 135

7	6	8	2	4	1	3	5	9
3	1	5	6	9	8	7	4	2
4	9	2	3	5	7	6	1	8
2	7	1	4	8	3	9	6	5
6	3	4	9	1	5	8	2	7
5	8	9	7	6	2	4	3	1
9	5	7	1	3	4	2	8	6
1	4	6	8	2	9	5	7	3
8	2	3	5	7	6	1	9	4

Puzzle 136

2	8	5	4	6	3	1	9	7
7	3	1	2	9	5	4	8	6
9	4	6	7	1	8	5	2	3
6	2	7	1	3	9	8	4	5
3	5	9	8	2	4	7	6	1
8	1	4	6	5	7	2	3	9
1	7	3	9	8	2	6	5	4
4	9	8	5	7	6	3	1	2
5	6	2	3	4	1	9	7	8

Solutions

Puzzle 137

5	1	3	7	6	8	9	2	4
7	2	9	1	4	3	5	6	8
6	4	8	2	9	5	1	7	3
2	7	5	8	3	9	6	4	1
8	9	4	6	5	1	2	3	7
1	3	6	4	2	7	8	5	9
9	6	2	3	1	4	7	8	5
3	8	1	5	7	6	4	9	2
4	5	7	9	8	2	3	1	6

Puzzle 138

9	2	3	1	4	5	8	7	6
6	5	7	8	9	2	3	4	1
4	8	1	6	7	3	9	2	5
8	9	2	5	1	6	7	3	4
3	4	6	2	8	7	1	5	9
1	7	5	4	3	9	2	6	8
5	1	8	7	2	4	6	9	3
7	3	4	9	6	8	5	1	2
2	6	9	3	5	1	4	8	7

Puzzle 139

8	9	3	4	1	2	6	7	5
6	1	7	9	5	8	4	3	2
4	2	5	7	3	6	9	8	1
7	4	2	1	6	9	8	5	3
9	8	1	5	4	3	7	2	6
5	3	6	8	2	7	1	9	4
3	5	9	6	8	4	2	1	7
2	7	4	3	9	1	5	6	8
1	6	8	2	7	5	3	4	9

Puzzle 140

3	8	9	2	1	7	6	5	4
2	7	5	9	6	4	1	3	8
6	4	1	3	5	8	7	2	9
8	5	7	6	4	2	9	1	3
4	3	6	1	9	5	2	8	7
9	1	2	8	7	3	4	6	5
5	9	8	7	2	1	3	4	6
1	6	3	4	8	9	5	7	2
7	2	4	5	3	6	8	9	1

Puzzle 141

5	1	8	3	4	7	2	9	6
9	6	2	5	1	8	7	4	3
3	7	4	9	6	2	8	1	5
1	8	9	4	7	5	3	6	2
7	2	6	1	9	3	4	5	8
4	3	5	8	2	6	1	7	9
6	5	3	7	8	1	9	2	4
2	9	1	6	3	4	5	8	7
8	4	7	2	5	9	6	3	1

Puzzle 142

4	2	5	3	9	1	7	8	6
8	6	3	7	4	2	1	5	9
7	9	1	6	8	5	4	3	2
6	1	2	4	5	3	8	9	7
5	3	7	9	2	8	6	4	1
9	4	8	1	7	6	3	2	5
1	8	4	2	6	9	5	7	3
3	5	9	8	1	7	2	6	4
2	7	6	5	3	4	9	1	8

Puzzle 143

8	7	2	3	1	6	4	5	9
9	6	5	4	8	7	2	1	3
4	1	3	9	5	2	6	8	7
2	5	7	1	3	9	8	6	4
1	3	8	5	6	4	7	9	2
6	4	9	7	2	8	1	3	5
5	2	4	6	9	1	3	7	8
3	8	6	2	7	5	9	4	1
7	9	1	8	4	3	5	2	6

Puzzle 144

4	8	9	3	1	6	5	2	7
6	7	3	2	5	4	1	9	8
5	2	1	7	8	9	3	4	6
7	4	6	5	3	2	9	8	1
2	3	8	9	7	1	4	6	5
9	1	5	6	4	8	2	7	3
3	6	2	8	9	5	7	1	4
1	9	7	4	6	3	8	5	2
8	5	4	1	2	7	6	3	9

Solutions

Puzzle 145

2	3	1	9	6	5	8	7	4
4	9	8	7	3	2	6	5	1
6	7	5	8	1	4	9	2	3
3	2	7	4	8	6	1	9	5
9	8	4	5	7	1	2	3	6
1	5	6	2	9	3	7	4	8
5	4	9	6	2	8	3	1	7
7	6	3	1	4	9	5	8	2
8	1	2	3	5	7	4	6	9

Puzzle 146

3	9	6	8	1	4	7	2	5
8	5	4	2	9	7	1	6	3
1	2	7	3	6	5	9	8	4
7	3	1	6	2	9	4	5	8
9	6	2	5	4	8	3	1	7
4	8	5	1	7	3	2	9	6
5	7	3	9	8	2	6	4	1
6	4	9	7	5	1	8	3	2
2	1	8	4	3	6	5	7	9

Puzzle 147

1	8	5	2	9	6	7	3	4
4	9	7	3	5	1	6	8	2
2	6	3	7	8	4	5	1	9
5	2	4	1	3	7	9	6	8
6	1	9	4	2	8	3	7	5
3	7	8	5	6	9	4	2	1
7	5	6	9	1	2	8	4	3
9	4	1	8	7	3	2	5	6
8	3	2	6	4	5	1	9	7

Puzzle 148

1	4	3	5	9	8	6	7	2
8	2	6	7	1	3	5	4	9
5	9	7	2	6	4	1	3	8
4	8	2	1	7	5	3	9	6
3	1	9	8	4	6	2	5	7
6	7	5	3	2	9	4	8	1
2	5	1	4	8	7	9	6	3
7	6	4	9	3	2	8	1	5
9	3	8	6	5	1	7	2	4

Puzzle 149

5	4	6	7	3	9	1	2	8
8	9	7	1	4	2	6	5	3
1	2	3	8	6	5	7	9	4
6	7	9	3	5	8	2	4	1
4	3	1	9	2	7	8	6	5
2	5	8	6	1	4	9	3	7
9	1	4	2	8	3	5	7	6
7	6	5	4	9	1	3	8	2
3	8	2	5	7	6	4	1	9

Puzzle 150

1	4	3	2	6	7	8	5	9
9	5	2	1	8	3	4	7	6
8	6	7	9	4	5	3	2	1
5	3	1	8	9	2	7	6	4
2	7	4	5	3	6	9	1	8
6	8	9	7	1	4	2	3	5
3	9	8	6	7	1	5	4	2
4	2	6	3	5	9	1	8	7
7	1	5	4	2	8	6	9	3

Puzzle 151

8	1	4	5	6	7	2	9	3
7	9	5	2	1	3	8	6	4
2	3	6	9	4	8	7	1	5
5	4	1	7	8	9	6	3	2
9	2	7	6	3	4	1	5	8
6	8	3	1	5	2	9	4	7
1	7	8	4	9	5	3	2	6
4	6	2	3	7	1	5	8	9
3	5	9	8	2	6	4	7	1

Puzzle 152

2	6	4	9	1	5	8	3	7
7	1	8	6	3	2	9	4	5
5	9	3	8	7	4	6	1	2
6	4	1	3	2	9	5	7	8
9	3	5	7	8	1	4	2	6
8	7	2	5	4	6	1	9	3
1	2	7	4	5	8	3	6	9
3	8	6	1	9	7	2	5	4
4	5	9	2	6	3	7	8	1

Puzzle 153

4	5	7	3	8	9	2	1	6
2	1	8	6	5	4	9	7	3
6	9	3	2	1	7	5	8	4
5	6	2	7	4	3	1	9	8
7	8	1	9	6	5	4	3	2
3	4	9	1	2	8	6	5	7
8	2	5	4	3	1	7	6	9
9	3	6	5	7	2	8	4	1
1	7	4	8	9	6	3	2	5

Puzzle 154

1	8	4	2	5	9	7	3	6
5	2	7	8	3	6	4	1	9
9	6	3	4	7	1	5	8	2
8	5	2	9	4	3	1	6	7
7	3	6	1	8	5	2	9	4
4	9	1	6	2	7	3	5	8
3	4	5	7	9	8	6	2	1
2	1	8	5	6	4	9	7	3
6	7	9	3	1	2	8	4	5

Puzzle 155

8	4	3	6	2	7	9	5	1
7	2	5	9	1	4	8	6	3
1	6	9	3	8	5	4	7	2
2	3	1	4	5	8	7	9	6
5	9	6	7	3	1	2	8	4
4	7	8	2	9	6	1	3	5
9	5	4	8	6	2	3	1	7
6	8	2	1	7	3	5	4	9
3	1	7	5	4	9	6	2	8

Puzzle 156

6	1	3	9	7	4	8	5	2
7	9	2	8	6	5	1	3	4
8	4	5	2	3	1	7	6	9
1	5	7	4	9	3	6	2	8
9	2	8	6	1	7	5	4	3
3	6	4	5	8	2	9	7	1
2	8	6	7	4	9	3	1	5
4	7	1	3	5	8	2	9	6
5	3	9	1	2	6	4	8	7

Puzzle 157

4	5	6	2	9	8	3	7	1
9	2	8	3	7	1	5	4	6
3	7	1	6	4	5	9	8	2
1	8	4	7	3	9	6	2	5
7	9	3	5	6	2	8	1	4
2	6	5	8	1	4	7	3	9
8	1	9	4	5	7	2	6	3
6	4	7	9	2	3	1	5	8
5	3	2	1	8	6	4	9	7

Puzzle 158

7	5	4	2	1	6	8	9	3
1	3	8	4	7	9	5	2	6
9	6	2	3	5	8	1	4	7
2	7	3	6	9	1	4	5	8
6	8	9	5	2	4	7	3	1
5	4	1	7	8	3	2	6	9
4	1	6	8	3	2	9	7	5
3	9	5	1	4	7	6	8	2
8	2	7	9	6	5	3	1	4

Puzzle 159

8	6	4	2	5	1	9	3	7
2	1	5	3	9	7	6	4	8
3	7	9	4	8	6	5	1	2
6	8	7	5	1	9	3	2	4
1	4	2	6	7	3	8	9	5
9	5	3	8	4	2	7	6	1
5	9	1	7	3	4	2	8	6
4	2	8	9	6	5	1	7	3
7	3	6	1	2	8	4	5	9

Puzzle 160

8	5	3	9	2	1	7	6	4
9	6	4	3	7	5	8	2	1
7	1	2	8	6	4	5	3	9
6	3	1	2	5	8	4	9	7
4	7	5	1	3	9	2	8	6
2	9	8	7	4	6	3	1	5
3	2	6	5	1	7	9	4	8
1	8	7	4	9	3	6	5	2
5	4	9	6	8	2	1	7	3

Solutions

Puzzle 161

9	7	2	6	8	4	1	3	5
3	6	1	2	5	9	8	7	4
8	4	5	7	3	1	9	2	6
4	2	8	1	9	3	6	5	7
1	9	7	5	2	6	3	4	8
6	5	3	4	7	8	2	9	1
2	1	4	9	6	5	7	8	3
7	3	6	8	4	2	5	1	9
5	8	9	3	1	7	4	6	2

Puzzle 162

3	8	5	7	6	1	4	2	9
6	9	4	2	3	8	1	7	5
2	7	1	9	5	4	3	8	6
5	3	7	4	8	9	2	6	1
9	1	6	5	7	2	8	3	4
4	2	8	6	1	3	9	5	7
8	6	2	1	4	5	7	9	3
7	4	9	3	2	6	5	1	8
1	5	3	8	9	7	6	4	2

Puzzle 163

1	7	8	9	6	2	4	3	5
6	3	2	8	5	4	7	1	9
4	9	5	1	7	3	8	6	2
9	6	4	5	8	1	3	2	7
5	2	1	7	3	9	6	4	8
3	8	7	2	4	6	9	5	1
7	5	3	6	2	8	1	9	4
8	1	6	4	9	5	2	7	3
2	4	9	3	1	7	5	8	6

Puzzle 164

9	5	6	2	1	8	4	7	3
1	2	4	7	9	3	5	8	6
3	7	8	5	6	4	1	2	9
8	6	2	3	4	5	7	9	1
4	3	5	9	7	1	8	6	2
7	9	1	8	2	6	3	5	4
5	4	3	6	8	2	9	1	7
2	1	9	4	5	7	6	3	8
6	8	7	1	3	9	2	4	5

Puzzle 165

2	6	7	3	5	1	9	8	4
1	9	5	8	7	4	3	2	6
4	3	8	9	6	2	1	7	5
6	5	1	7	9	3	2	4	8
7	8	2	4	1	6	5	3	9
9	4	3	2	8	5	7	6	1
5	2	4	1	3	8	6	9	7
3	7	6	5	4	9	8	1	2
8	1	9	6	2	7	4	5	3

Puzzle 166

3	8	7	6	4	2	9	5	1
9	5	6	3	1	8	2	4	7
4	1	2	9	5	7	6	8	3
6	9	8	4	7	1	5	3	2
5	7	3	8	2	6	1	9	4
2	4	1	5	9	3	8	7	6
7	6	4	1	8	5	3	2	9
8	3	9	2	6	4	7	1	5
1	2	5	7	3	9	4	6	8

Puzzle 167

3	4	2	7	8	9	5	6	1
1	8	6	4	5	3	7	2	9
7	5	9	1	2	6	4	3	8
9	7	8	3	6	1	2	4	5
6	2	5	9	4	8	3	1	7
4	1	3	5	7	2	8	9	6
2	9	1	8	3	5	6	7	4
8	3	4	6	9	7	1	5	2
5	6	7	2	1	4	9	8	3

Puzzle 168

6	7	3	9	1	5	8	4	2
8	5	1	4	6	2	9	7	3
9	2	4	8	7	3	1	6	5
3	8	2	1	4	7	6	5	9
4	9	5	6	2	8	3	1	7
1	6	7	3	5	9	4	2	8
2	4	9	7	8	1	5	3	6
5	3	6	2	9	4	7	8	1
7	1	8	5	3	6	2	9	4

Puzzle 201

1	9	2	5	6	3	8	4	7
8	7	5	4	1	2	6	9	3
6	4	3	7	8	9	2	5	1
7	6	1	2	9	4	3	8	5
5	3	8	1	7	6	9	2	4
9	2	4	3	5	8	1	7	6
3	8	7	9	4	1	5	6	2
2	5	9	6	3	7	4	1	8
4	1	6	8	2	5	7	3	9

Puzzle 202

2	9	3	1	4	6	7	5	8
6	5	4	8	9	7	3	2	1
1	7	8	2	5	3	9	4	6
5	8	2	6	7	9	1	3	4
7	3	1	4	2	8	6	9	5
4	6	9	3	1	5	8	7	2
3	2	7	5	6	1	4	8	9
8	1	5	9	3	4	2	6	7
9	4	6	7	8	2	5	1	3

Puzzle 203

9	6	4	7	3	8	5	2	1
7	2	8	1	5	9	3	4	6
1	3	5	4	2	6	8	9	7
5	7	9	8	4	1	2	6	3
2	8	6	9	7	3	4	1	5
4	1	3	2	6	5	9	7	8
6	5	2	3	1	4	7	8	9
3	9	7	6	8	2	1	5	4
8	4	1	5	9	7	6	3	2

Puzzle 204

4	3	1	8	5	2	9	7	6
2	5	7	9	4	6	1	3	8
8	6	9	3	1	7	5	4	2
9	2	3	6	8	1	7	5	4
7	1	6	4	2	5	8	9	3
5	8	4	7	9	3	2	6	1
1	7	5	2	3	4	6	8	9
3	9	2	5	6	8	4	1	7
6	4	8	1	7	9	3	2	5

Puzzle 205

2	4	7	5	6	8	9	1	3
6	8	9	1	3	2	7	4	5
5	3	1	7	4	9	2	8	6
9	2	5	8	1	6	4	3	7
3	6	8	2	7	4	5	9	1
1	7	4	9	5	3	6	2	8
8	1	6	4	9	5	3	7	2
4	5	2	3	8	7	1	6	9
7	9	3	6	2	1	8	5	4

Puzzle 206

5	3	9	2	8	7	1	6	4
8	6	1	5	4	9	7	3	2
7	2	4	3	1	6	9	8	5
6	1	2	8	5	4	3	9	7
4	8	3	9	7	2	6	5	1
9	7	5	1	6	3	2	4	8
3	5	8	6	2	1	4	7	9
2	4	6	7	9	8	5	1	3
1	9	7	4	3	5	8	2	6

Puzzle 207

5	4	7	3	1	8	6	9	2
2	1	8	5	9	6	4	7	3
3	9	6	2	4	7	1	5	8
4	3	5	1	7	2	9	8	6
6	7	1	8	5	9	2	3	4
8	2	9	4	6	3	7	1	5
9	5	3	6	2	1	8	4	7
7	6	4	9	8	5	3	2	1
1	8	2	7	3	4	5	6	9

Puzzle 208

4	8	1	3	5	2	9	6	7
9	2	3	6	8	7	1	5	4
6	7	5	4	1	9	8	2	3
7	1	6	2	9	3	4	8	5
8	3	9	5	7	4	6	1	2
2	5	4	1	6	8	3	7	9
3	6	8	7	4	5	2	9	1
1	4	7	9	2	6	5	3	8
5	9	2	8	3	1	7	4	6

Solutions

Puzzle 209

1	7	6	4	3	8	2	9	5
4	3	9	5	7	2	1	6	8
8	5	2	1	9	6	4	7	3
9	1	5	3	4	7	8	2	6
7	4	8	2	6	1	3	5	9
2	6	3	9	8	5	7	1	4
6	2	1	8	5	3	9	4	7
3	9	7	6	1	4	5	8	2
5	8	4	7	2	9	6	3	1

Puzzle 210

9	5	2	7	8	6	3	1	4
8	1	7	4	5	3	6	2	9
3	6	4	2	9	1	7	8	5
5	2	8	3	1	9	4	7	6
1	4	6	8	7	5	2	9	3
7	9	3	6	2	4	8	5	1
4	8	5	9	3	2	1	6	7
6	7	9	1	4	8	5	3	2
2	3	1	5	6	7	9	4	8

Puzzle 211

8	5	9	1	6	3	2	7	4
6	3	7	5	4	2	8	9	1
2	4	1	7	9	8	3	5	6
3	7	6	9	1	5	4	8	2
9	2	8	6	3	4	7	1	5
5	1	4	8	2	7	9	6	3
7	6	3	4	5	9	1	2	8
1	8	2	3	7	6	5	4	9
4	9	5	2	8	1	6	3	7

Puzzle 212

4	3	1	2	9	7	8	6	5
5	6	2	8	4	3	1	9	7
9	7	8	6	1	5	4	3	2
7	8	5	3	6	1	9	2	4
2	4	3	9	5	8	6	7	1
1	9	6	7	2	4	3	5	8
8	5	7	1	3	6	2	4	9
3	1	9	4	7	2	5	8	6
6	2	4	5	8	9	7	1	3

Puzzle 213

1	9	3	7	2	4	8	6	5
6	2	8	3	5	9	4	7	1
4	5	7	8	6	1	2	3	9
2	3	1	6	8	5	9	4	7
5	7	9	4	1	2	3	8	6
8	6	4	9	3	7	1	5	2
9	4	6	1	7	8	5	2	3
7	1	2	5	4	3	6	9	8
3	8	5	2	9	6	7	1	4

Puzzle 214

5	8	3	6	9	1	7	4	2
6	4	2	3	5	7	1	9	8
7	9	1	8	4	2	3	6	5
8	2	6	1	7	3	9	5	4
4	1	7	5	8	9	2	3	6
3	5	9	4	2	6	8	1	7
2	6	4	9	1	8	5	7	3
1	7	5	2	3	4	6	8	9
9	3	8	7	6	5	4	2	1

Puzzle 215

2	7	6	9	4	8	5	3	1
3	1	4	5	2	7	9	6	8
5	9	8	3	6	1	2	7	4
9	4	2	6	7	3	1	8	5
7	3	5	8	1	9	4	2	6
8	6	1	4	5	2	7	9	3
4	8	9	2	3	5	6	1	7
6	2	7	1	8	4	3	5	9
1	5	3	7	9	6	8	4	2

Puzzle 216

9	8	2	7	6	5	1	3	4
1	6	5	8	3	4	7	9	2
3	4	7	2	1	9	5	8	6
7	1	6	9	4	2	3	5	8
5	2	3	1	7	8	6	4	9
8	9	4	3	5	6	2	7	1
4	3	8	6	2	7	9	1	5
2	5	1	4	9	3	8	6	7
6	7	9	5	8	1	4	2	3

Solutions

Puzzle 217

8	5	6	1	4	3	9	2	7
3	7	1	8	9	2	4	5	6
4	9	2	5	6	7	1	3	8
7	3	4	2	1	6	8	9	5
6	2	8	3	5	9	7	4	1
5	1	9	4	7	8	3	6	2
1	8	5	9	2	4	6	7	3
9	6	3	7	8	5	2	1	4
2	4	7	6	3	1	5	8	9

Puzzle 218

4	1	8	6	9	5	3	7	2
2	5	6	3	1	7	8	9	4
9	7	3	4	2	8	1	5	6
1	3	4	9	6	2	7	8	5
7	9	2	8	5	3	6	4	1
8	6	5	1	7	4	2	3	9
5	2	1	7	3	9	4	6	8
3	8	9	2	4	6	5	1	7
6	4	7	5	8	1	9	2	3

Puzzle 219

1	2	7	5	9	8	6	4	3
8	9	6	7	4	3	1	5	2
3	4	5	2	1	6	9	7	8
4	7	3	1	5	9	2	8	6
5	8	1	6	7	2	4	3	9
2	6	9	8	3	4	7	1	5
6	5	4	3	2	1	8	9	7
7	1	8	9	6	5	3	2	4
9	3	2	4	8	7	5	6	1

Puzzle 220

3	6	2	9	4	1	5	8	7
4	8	9	2	5	7	1	6	3
7	5	1	6	8	3	4	2	9
2	1	6	4	7	9	3	5	8
9	3	5	1	6	8	2	7	4
8	4	7	5	3	2	9	1	6
1	7	8	3	2	4	6	9	5
6	9	3	7	1	5	8	4	2
5	2	4	8	9	6	7	3	1

Puzzle 221

8	6	2	5	1	4	9	7	3
7	4	9	3	6	8	2	1	5
1	5	3	7	2	9	6	8	4
5	3	7	1	9	2	8	4	6
6	9	1	4	8	3	5	2	7
4	2	8	6	7	5	3	9	1
3	8	6	9	4	1	7	5	2
2	1	5	8	3	7	4	6	9
9	7	4	2	5	6	1	3	8

Puzzle 222

4	2	6	5	8	1	7	3	9
3	8	7	2	6	9	1	4	5
9	5	1	4	7	3	8	6	2
5	9	3	1	4	8	2	7	6
2	6	8	3	5	7	4	9	1
1	7	4	6	9	2	5	8	3
6	4	9	8	2	5	3	1	7
7	3	2	9	1	4	6	5	8
8	1	5	7	3	6	9	2	4

Puzzle 223

9	3	4	1	7	8	6	2	5
7	6	8	2	4	5	1	3	9
5	2	1	6	3	9	4	7	8
1	7	9	4	5	6	3	8	2
8	4	3	9	1	2	5	6	7
2	5	6	3	8	7	9	1	4
4	9	2	7	6	3	8	5	1
6	1	5	8	2	4	7	9	3
3	8	7	5	9	1	2	4	6

Puzzle 224

5	2	6	4	8	1	3	9	7
1	4	7	3	9	2	6	8	5
9	8	3	7	5	6	4	1	2
7	5	4	1	6	8	2	3	9
8	3	9	2	4	5	7	6	1
2	6	1	9	3	7	8	5	4
6	1	8	5	7	4	9	2	3
4	9	5	6	2	3	1	7	8
3	7	2	8	1	9	5	4	6

Solutions

Puzzle 225

2	5	1	4	9	8	3	7	6
6	4	8	5	7	3	1	2	9
3	7	9	2	6	1	4	8	5
4	8	3	7	1	9	6	5	2
1	6	7	8	2	5	9	3	4
5	9	2	3	4	6	7	1	8
9	2	4	1	5	7	8	6	3
8	1	5	6	3	4	2	9	7
7	3	6	9	8	2	5	4	1

Puzzle 226

8	2	4	1	6	7	5	3	9
5	6	1	9	3	2	4	7	8
9	7	3	4	8	5	2	6	1
4	1	8	7	5	3	6	9	2
6	3	7	8	2	9	1	4	5
2	9	5	6	4	1	3	8	7
3	8	9	5	1	6	7	2	4
7	5	2	3	9	4	8	1	6
1	4	6	2	7	8	9	5	3

Puzzle 227

9	3	8	7	4	5	6	2	1
5	7	6	1	2	8	4	3	9
1	2	4	6	3	9	8	5	7
2	8	1	4	5	7	3	9	6
6	4	3	9	8	1	5	7	2
7	9	5	2	6	3	1	4	8
4	1	9	5	7	6	2	8	3
8	5	7	3	1	2	9	6	4
3	6	2	8	9	4	7	1	5

Puzzle 228

1	3	8	6	5	9	2	7	4
7	9	6	2	4	3	5	8	1
5	2	4	1	8	7	9	6	3
3	4	5	8	6	1	7	9	2
9	6	7	4	3	2	8	1	5
8	1	2	7	9	5	4	3	6
6	7	1	9	2	4	3	5	8
2	5	9	3	1	8	6	4	7
4	8	3	5	7	6	1	2	9

Puzzle 229

1	7	8	5	2	9	6	3	4
5	4	3	8	6	1	2	7	9
2	9	6	4	3	7	5	8	1
3	6	5	9	8	2	4	1	7
7	8	1	3	5	4	9	2	6
4	2	9	1	7	6	8	5	3
6	1	2	7	9	5	3	4	8
8	5	4	6	1	3	7	9	2
9	3	7	2	4	8	1	6	5

Puzzle 230

4	2	6	8	1	9	5	3	7
9	8	5	3	7	4	2	6	1
1	3	7	2	5	6	8	9	4
5	6	4	9	8	7	3	1	2
3	7	9	5	2	1	6	4	8
2	1	8	4	6	3	9	7	5
6	5	1	7	9	2	4	8	3
7	4	2	6	3	8	1	5	9
8	9	3	1	4	5	7	2	6

Puzzle 231

2	7	9	5	8	6	1	4	3
1	4	6	2	3	7	8	5	9
5	3	8	4	1	9	2	7	6
6	2	3	1	5	4	9	8	7
4	8	7	9	2	3	5	6	1
9	1	5	7	6	8	4	3	2
3	6	4	8	9	1	7	2	5
7	9	2	3	4	5	6	1	8
8	5	1	6	7	2	3	9	4

Puzzle 232

3	5	7	2	9	1	6	4	8
6	2	8	4	7	3	1	5	9
4	9	1	5	6	8	3	2	7
9	6	4	8	3	5	2	7	1
7	1	3	6	4	2	9	8	5
2	8	5	9	1	7	4	6	3
5	4	6	3	8	9	7	1	2
1	3	2	7	5	4	8	9	6
8	7	9	1	2	6	5	3	4

Solutions

Puzzle 233

5	3	8	1	7	4	9	2	6
6	1	9	5	3	2	4	7	8
7	4	2	9	6	8	5	1	3
8	9	3	4	2	1	6	5	7
4	7	1	3	5	6	2	8	9
2	6	5	8	9	7	3	4	1
3	5	4	7	8	9	1	6	2
9	2	7	6	1	5	8	3	4
1	8	6	2	4	3	7	9	5

Puzzle 234

1	8	6	3	4	2	9	7	5
3	5	2	1	9	7	8	4	6
7	9	4	5	8	6	1	3	2
4	3	8	7	6	5	2	9	1
5	6	1	4	2	9	7	8	3
2	7	9	8	3	1	6	5	4
8	1	7	2	5	4	3	6	9
6	4	3	9	1	8	5	2	7
9	2	5	6	7	3	4	1	8

Puzzle 235

7	5	9	8	6	2	4	1	3
1	2	6	4	3	5	7	8	9
4	8	3	7	9	1	2	6	5
5	7	4	6	1	9	8	3	2
2	9	1	3	5	8	6	4	7
6	3	8	2	4	7	5	9	1
9	6	7	5	8	3	1	2	4
3	4	5	1	2	6	9	7	8
8	1	2	9	7	4	3	5	6

Puzzle 236

9	5	6	7	4	1	3	2	8
1	2	3	8	6	5	4	9	7
4	8	7	3	2	9	6	5	1
7	3	4	1	9	2	8	6	5
5	6	9	4	8	3	7	1	2
8	1	2	5	7	6	9	3	4
6	7	1	2	3	8	5	4	9
3	4	5	9	1	7	2	8	6
2	9	8	6	5	4	1	7	3

Puzzle 237

9	6	3	2	5	7	8	4	1
4	1	7	3	8	9	2	5	6
5	2	8	6	4	1	7	3	9
2	7	5	4	1	8	6	9	3
8	4	6	9	3	2	1	7	5
1	3	9	5	7	6	4	2	8
6	9	4	1	2	3	5	8	7
3	8	2	7	6	5	9	1	4
7	5	1	8	9	4	3	6	2

Puzzle 238

4	9	5	2	1	7	8	3	6
1	8	7	6	3	5	4	2	9
3	2	6	8	4	9	7	1	5
8	5	9	7	2	4	3	6	1
7	4	3	1	9	6	2	5	8
6	1	2	3	5	8	9	7	4
9	7	1	5	8	2	6	4	3
2	3	4	9	6	1	5	8	7
5	6	8	4	7	3	1	9	2

Puzzle 239

5	2	6	1	7	9	4	8	3
3	1	4	8	5	2	9	7	6
8	9	7	3	4	6	2	1	5
6	5	3	7	9	4	8	2	1
9	4	8	2	6	1	3	5	7
1	7	2	5	3	8	6	9	4
2	3	1	6	8	7	5	4	9
4	8	5	9	1	3	7	6	2
7	6	9	4	2	5	1	3	8

Puzzle 240

9	8	2	6	7	4	3	5	1
4	7	3	1	5	9	2	6	8
6	1	5	3	2	8	4	7	9
2	5	4	9	3	6	1	8	7
1	9	7	8	4	5	6	3	2
8	3	6	2	1	7	9	4	5
5	2	9	7	6	3	8	1	4
7	6	8	4	9	1	5	2	3
3	4	1	5	8	2	7	9	6

Solutions

Puzzle 241

1	6	5	7	4	3	9	8	2
4	7	8	9	2	6	3	1	5
9	2	3	1	5	8	4	6	7
2	9	1	8	6	7	5	4	3
7	8	4	3	9	5	1	2	6
5	3	6	2	1	4	7	9	8
3	4	2	6	7	1	8	5	9
8	1	9	5	3	2	6	7	4
6	5	7	4	8	9	2	3	1

Puzzle 242

9	4	1	5	3	8	7	6	2
5	3	2	6	7	1	9	4	8
8	6	7	2	9	4	3	1	5
1	5	9	8	6	3	4	2	7
2	8	6	7	4	5	1	9	3
3	7	4	1	2	9	5	8	6
6	2	3	9	1	7	8	5	4
4	1	5	3	8	6	2	7	9
7	9	8	4	5	2	6	3	1

Puzzle 243

2	9	7	8	1	3	4	6	5
3	4	1	7	6	5	8	9	2
5	6	8	4	9	2	7	3	1
8	3	9	6	4	1	5	2	7
7	1	5	9	2	8	3	4	6
6	2	4	5	3	7	9	1	8
4	5	2	3	7	6	1	8	9
9	8	6	1	5	4	2	7	3
1	7	3	2	8	9	6	5	4

Puzzle 244

3	1	7	5	8	4	2	6	9
9	4	2	1	6	7	3	8	5
6	8	5	3	2	9	4	1	7
7	6	4	8	1	2	9	5	3
8	9	1	7	5	3	6	4	2
2	5	3	9	4	6	1	7	8
1	3	9	4	7	8	5	2	6
4	2	8	6	3	5	7	9	1
5	7	6	2	9	1	8	3	4

Puzzle 245

2	7	6	1	5	3	9	4	8
4	9	1	8	2	7	5	3	6
3	8	5	9	6	4	7	2	1
9	2	8	5	7	1	4	6	3
1	3	7	2	4	6	8	5	9
5	6	4	3	9	8	1	7	2
8	4	2	6	1	5	3	9	7
7	1	9	4	3	2	6	8	5
6	5	3	7	8	9	2	1	4

Puzzle 246

1	2	3	4	8	9	5	7	6
6	4	5	3	1	7	2	9	8
9	8	7	6	2	5	3	4	1
8	3	4	7	5	2	6	1	9
5	1	6	8	9	3	7	2	4
7	9	2	1	6	4	8	3	5
4	5	9	2	7	8	1	6	3
2	6	8	9	3	1	4	5	7
3	7	1	5	4	6	9	8	2

Puzzle 247

7	5	6	9	2	8	4	3	1
9	2	4	7	1	3	5	8	6
8	1	3	4	6	5	2	9	7
1	9	8	6	5	4	7	2	3
2	4	7	8	3	1	9	6	5
3	6	5	2	7	9	1	4	8
5	7	2	3	9	6	8	1	4
4	3	9	1	8	7	6	5	2
6	8	1	5	4	2	3	7	9

Puzzle 248

4	5	9	2	3	8	6	7	1
6	2	7	9	4	1	8	5	3
3	8	1	6	7	5	9	2	4
7	4	5	8	6	2	1	3	9
1	3	8	4	5	9	2	6	7
9	6	2	3	1	7	5	4	8
5	1	6	7	9	3	4	8	2
8	9	3	5	2	4	7	1	6
2	7	4	1	8	6	3	9	5

Puzzle 249

7	4	3	8	9	1	2	6	5
6	9	1	2	7	5	3	8	4
2	8	5	3	6	4	1	9	7
5	3	7	1	4	9	8	2	6
9	2	4	6	8	3	7	5	1
8	1	6	5	2	7	9	4	3
4	6	9	7	3	8	5	1	2
1	7	8	4	5	2	6	3	9
3	5	2	9	1	6	4	7	8

Puzzle 250

8	4	9	3	7	6	2	5	1
2	3	5	1	8	4	6	7	9
1	6	7	2	5	9	3	4	8
5	8	4	6	1	2	9	3	7
6	1	2	9	3	7	4	8	5
9	7	3	5	4	8	1	2	6
4	5	6	8	9	3	7	1	2
7	2	1	4	6	5	8	9	3
3	9	8	7	2	1	5	6	4

Puzzle 251

6	7	3	1	9	2	8	4	5
1	5	9	7	8	4	3	2	6
2	4	8	6	3	5	9	7	1
9	2	7	4	5	1	6	3	8
4	1	5	8	6	3	7	9	2
8	3	6	2	7	9	5	1	4
5	8	1	3	2	7	4	6	9
7	9	2	5	4	6	1	8	3
3	6	4	9	1	8	2	5	7

Puzzle 252

6	3	2	4	9	7	1	8	5
9	1	4	8	6	5	3	2	7
5	7	8	2	1	3	9	4	6
4	9	5	7	2	1	8	6	3
3	2	7	5	8	6	4	9	1
1	8	6	3	4	9	5	7	2
8	5	3	6	7	4	2	1	9
7	4	9	1	5	2	6	3	8
2	6	1	9	3	8	7	5	4

Puzzle 253

4	6	9	8	2	5	7	3	1
3	5	7	1	6	4	8	9	2
1	8	2	3	7	9	6	4	5
7	1	3	6	4	2	9	5	8
5	2	6	9	3	8	1	7	4
8	9	4	5	1	7	2	6	3
6	4	5	7	8	1	3	2	9
9	3	8	2	5	6	4	1	7
2	7	1	4	9	3	5	8	6

Puzzle 254

8	4	1	6	9	5	7	2	3
2	6	7	1	3	8	4	5	9
5	9	3	4	7	2	1	8	6
4	3	2	7	8	6	5	9	1
9	1	8	5	2	4	3	6	7
6	7	5	3	1	9	8	4	2
3	2	4	8	6	7	9	1	5
7	8	9	2	5	1	6	3	4
1	5	6	9	4	3	2	7	8

Puzzle 255

7	4	8	3	6	2	1	9	5
2	3	5	1	7	9	6	8	4
1	9	6	4	5	8	7	3	2
8	1	4	9	2	3	5	7	6
9	7	3	5	4	6	2	1	8
5	6	2	7	8	1	9	4	3
4	5	1	2	3	7	8	6	9
3	8	7	6	9	5	4	2	1
6	2	9	8	1	4	3	5	7

Puzzle 256

4	8	9	7	5	1	2	6	3
3	2	5	9	6	8	7	1	4
7	1	6	3	4	2	5	9	8
1	4	7	5	3	9	6	8	2
2	5	3	6	8	7	1	4	9
9	6	8	1	2	4	3	7	5
5	7	4	8	1	3	9	2	6
8	3	1	2	9	6	4	5	7
6	9	2	4	7	5	8	3	1

Solutions

Puzzle 257

8	9	4	2	1	3	6	5	7
6	1	7	9	8	5	2	3	4
5	3	2	7	6	4	9	1	8
3	6	5	4	7	1	8	2	9
4	2	9	3	5	8	7	6	1
1	7	8	6	2	9	3	4	5
7	4	1	8	3	6	5	9	2
2	5	3	1	9	7	4	8	6
9	8	6	5	4	2	1	7	3

Puzzle 258

6	4	3	7	1	9	8	5	2
8	9	5	3	6	2	1	4	7
2	7	1	8	4	5	9	6	3
7	3	8	4	5	1	6	2	9
4	6	2	9	7	3	5	1	8
5	1	9	6	2	8	7	3	4
9	2	6	1	8	4	3	7	5
1	8	4	5	3	7	2	9	6
3	5	7	2	9	6	4	8	1

Puzzle 259

7	6	4	1	2	8	3	5	9
3	1	5	7	6	9	8	2	4
9	2	8	4	3	5	1	7	6
2	8	9	5	7	6	4	3	1
5	7	1	9	4	3	2	6	8
6	4	3	8	1	2	5	9	7
8	9	7	3	5	1	6	4	2
1	5	6	2	9	4	7	8	3
4	3	2	6	8	7	9	1	5

Puzzle 260

2	7	1	6	3	8	9	4	5
6	3	5	7	4	9	2	8	1
4	9	8	1	2	5	3	6	7
3	4	7	9	1	2	8	5	6
8	5	2	3	7	6	4	1	9
9	1	6	8	5	4	7	2	3
1	8	4	5	9	7	6	3	2
7	6	3	2	8	1	5	9	4
5	2	9	4	6	3	1	7	8

Puzzle 261

1	4	3	9	5	2	8	7	6
9	6	5	7	8	4	1	3	2
7	2	8	6	1	3	5	9	4
2	8	7	1	3	9	6	4	5
3	5	6	2	4	8	7	1	9
4	1	9	5	6	7	3	2	8
8	7	4	3	9	5	2	6	1
6	9	2	8	7	1	4	5	3
5	3	1	4	2	6	9	8	7

Puzzle 262

6	9	4	5	7	3	1	2	8
3	8	2	6	4	1	7	9	5
7	1	5	2	8	9	4	3	6
1	2	3	7	5	4	8	6	9
4	5	7	9	6	8	3	1	2
9	6	8	3	1	2	5	7	4
5	4	6	1	9	7	2	8	3
2	7	9	8	3	5	6	4	1
8	3	1	4	2	6	9	5	7

Puzzle 263

4	3	7	6	2	9	8	5	1
2	9	8	1	4	5	7	6	3
6	1	5	8	3	7	2	9	4
8	6	9	4	7	1	5	3	2
3	5	2	9	8	6	1	4	7
1	7	4	2	5	3	6	8	9
5	4	3	7	1	8	9	2	6
9	8	1	3	6	2	4	7	5
7	2	6	5	9	4	3	1	8

Puzzle 264

6	1	3	8	2	4	5	7	9
4	5	7	9	3	1	2	8	6
2	9	8	6	5	7	3	1	4
8	2	1	7	6	3	9	4	5
7	6	4	5	9	8	1	3	2
9	3	5	1	4	2	7	6	8
1	7	2	4	8	5	6	9	3
3	4	9	2	7	6	8	5	1
5	8	6	3	1	9	4	2	7

Solutions

Puzzle 265

7	3	5	2	4	9	1	6	8
8	9	2	6	1	7	5	4	3
6	1	4	3	5	8	7	2	9
1	6	3	4	9	5	8	7	2
2	5	7	8	3	6	4	9	1
4	8	9	7	2	1	3	5	6
9	4	8	1	7	2	6	3	5
5	7	6	9	8	3	2	1	4
3	2	1	5	6	4	9	8	7

Puzzle 266

6	3	2	8	5	9	7	1	4
5	7	4	1	3	2	8	6	9
8	9	1	7	4	6	5	2	3
4	5	6	9	8	7	2	3	1
3	2	8	5	6	1	9	4	7
7	1	9	3	2	4	6	5	8
1	6	5	4	9	8	3	7	2
2	8	7	6	1	3	4	9	5
9	4	3	2	7	5	1	8	6

Puzzle 267

5	9	7	1	3	6	4	2	8
8	1	6	2	7	4	9	5	3
2	3	4	8	5	9	1	6	7
7	8	2	4	6	1	5	3	9
1	4	9	3	8	5	2	7	6
3	6	5	7	9	2	8	1	4
4	7	8	5	2	3	6	9	1
6	5	1	9	4	7	3	8	2
9	2	3	6	1	8	7	4	5

Puzzle 268

4	3	6	1	2	7	8	5	9
2	9	5	3	4	8	1	6	7
7	8	1	9	6	5	4	3	2
8	5	2	4	3	1	7	9	6
9	1	7	2	8	6	5	4	3
3	6	4	7	5	9	2	1	8
1	4	8	6	7	3	9	2	5
6	7	9	5	1	2	3	8	4
5	2	3	8	9	4	6	7	1

Puzzle 269

3	6	9	8	5	7	1	2	4
5	1	8	9	4	2	7	3	6
7	2	4	1	6	3	9	5	8
9	8	3	4	2	6	5	1	7
6	5	7	3	9	1	8	4	2
2	4	1	7	8	5	3	6	9
4	7	5	6	1	8	2	9	3
8	9	2	5	3	4	6	7	1
1	3	6	2	7	9	4	8	5

Puzzle 270

4	3	9	6	2	5	8	7	1
6	7	5	8	1	4	9	2	3
2	8	1	3	7	9	4	5	6
1	6	8	7	5	3	2	4	9
3	2	7	4	9	8	1	6	5
5	9	4	1	6	2	7	3	8
8	4	2	5	3	1	6	9	7
7	1	3	9	4	6	5	8	2
9	5	6	2	8	7	3	1	4

Puzzle 271

1	7	5	9	6	2	3	4	8
4	6	3	8	5	1	9	2	7
9	8	2	3	4	7	6	1	5
8	5	1	2	9	3	4	7	6
3	9	7	6	1	4	8	5	2
2	4	6	7	8	5	1	9	3
7	3	8	4	2	9	5	6	1
6	1	9	5	7	8	2	3	4
5	2	4	1	3	6	7	8	9

Puzzle 272

4	2	1	6	9	5	3	8	7
6	7	3	2	8	4	9	1	5
5	9	8	1	3	7	4	2	6
3	8	2	4	7	6	5	9	1
1	5	6	3	2	9	7	4	8
9	4	7	5	1	8	6	3	2
2	1	9	7	5	3	8	6	4
8	6	5	9	4	2	1	7	3
7	3	4	8	6	1	2	5	9

Solutions

Puzzle 273

1	7	8	2	5	9	3	4	6
2	4	3	6	8	7	5	9	1
5	9	6	4	3	1	7	2	8
9	2	5	3	4	6	8	1	7
7	6	1	5	9	8	2	3	4
3	8	4	7	1	2	9	6	5
4	1	2	9	7	5	6	8	3
6	3	7	8	2	4	1	5	9
8	5	9	1	6	3	4	7	2

Puzzle 274

3	2	7	5	4	8	9	6	1
9	1	5	3	7	6	2	4	8
4	6	8	9	1	2	3	5	7
7	5	2	4	9	1	8	3	6
6	9	4	8	3	7	1	2	5
1	8	3	2	6	5	4	7	9
5	4	1	7	2	9	6	8	3
8	3	9	6	5	4	7	1	2
2	7	6	1	8	3	5	9	4

Puzzle 275

5	4	9	8	1	2	3	6	7
2	7	1	6	3	9	8	5	4
3	6	8	5	4	7	9	2	1
1	8	4	7	2	5	6	9	3
9	2	3	1	8	6	4	7	5
7	5	6	3	9	4	2	1	8
4	1	2	9	7	8	5	3	6
8	3	5	2	6	1	7	4	9
6	9	7	4	5	3	1	8	2

Puzzle 276

2	3	8	6	4	7	5	1	9
7	4	9	1	3	5	8	6	2
1	5	6	9	8	2	3	4	7
8	7	1	2	5	4	6	9	3
4	9	5	8	6	3	7	2	1
6	2	3	7	1	9	4	5	8
3	6	7	5	2	1	9	8	4
9	8	2	4	7	6	1	3	5
5	1	4	3	9	8	2	7	6

Puzzle 277

6	2	4	7	9	5	8	1	3
9	5	8	1	3	4	2	6	7
3	1	7	2	8	6	4	5	9
8	6	3	9	4	1	7	2	5
5	7	1	8	6	2	9	3	4
4	9	2	3	5	7	6	8	1
1	8	9	4	2	3	5	7	6
2	3	5	6	7	9	1	4	8
7	4	6	5	1	8	3	9	2

Puzzle 278

9	4	6	1	2	7	3	5	8
1	7	5	8	3	6	4	2	9
8	2	3	4	5	9	6	1	7
6	8	4	2	9	5	7	3	1
7	9	1	3	6	4	5	8	2
3	5	2	7	1	8	9	6	4
4	3	7	6	8	2	1	9	5
5	1	8	9	7	3	2	4	6
2	6	9	5	4	1	8	7	3

Puzzle 279

4	2	8	9	3	5	1	7	6
1	6	9	7	8	4	2	3	5
5	7	3	6	2	1	4	9	8
9	3	2	1	5	8	6	4	7
7	1	5	3	4	6	8	2	9
8	4	6	2	9	7	3	5	1
6	5	1	4	7	2	9	8	3
3	8	4	5	6	9	7	1	2
2	9	7	8	1	3	5	6	4

Puzzle 280

7	5	9	3	4	6	8	1	2
1	4	2	9	8	7	5	6	3
6	3	8	1	2	5	7	4	9
4	1	5	8	6	3	2	9	7
2	9	3	4	7	1	6	5	8
8	7	6	5	9	2	1	3	4
3	6	7	2	1	9	4	8	5
9	8	1	7	5	4	3	2	6
5	2	4	6	3	8	9	7	1

Solutions

Puzzle 281

8	5	1	7	9	2	4	6	3
2	9	7	4	3	6	5	1	8
6	3	4	1	5	8	9	7	2
7	2	5	6	1	3	8	9	4
1	4	3	9	8	7	2	5	6
9	8	6	2	4	5	7	3	1
4	6	2	5	7	1	3	8	9
3	7	9	8	6	4	1	2	5
5	1	8	3	2	9	6	4	7

Puzzle 282

3	8	9	6	4	7	1	2	5
4	7	6	2	1	5	9	3	8
2	5	1	3	8	9	4	7	6
6	4	2	5	7	8	3	9	1
5	3	7	1	9	6	2	8	4
1	9	8	4	2	3	6	5	7
8	6	3	9	5	4	7	1	2
7	1	4	8	3	2	5	6	9
9	2	5	7	6	1	8	4	3

Puzzle 283

4	3	2	9	6	5	7	8	1
8	9	5	1	7	2	3	6	4
6	7	1	8	3	4	2	5	9
1	2	9	7	5	3	6	4	8
5	8	7	6	4	1	9	3	2
3	4	6	2	8	9	5	1	7
2	5	8	3	1	7	4	9	6
7	6	4	5	9	8	1	2	3
9	1	3	4	2	6	8	7	5

Puzzle 284

7	3	2	5	6	8	9	1	4
1	5	4	3	7	9	6	2	8
8	9	6	2	1	4	7	3	5
5	7	1	4	8	2	3	9	6
3	2	8	9	5	6	4	7	1
6	4	9	1	3	7	8	5	2
9	6	7	8	2	1	5	4	3
4	1	3	6	9	5	2	8	7
2	8	5	7	4	3	1	6	9

Puzzle 285

3	8	5	6	4	7	9	2	1
2	1	7	3	9	5	4	6	8
4	6	9	2	1	8	3	5	7
9	4	3	5	6	1	7	8	2
8	2	6	9	7	3	1	4	5
5	7	1	8	2	4	6	3	9
6	3	2	7	8	9	5	1	4
1	9	8	4	5	6	2	7	3
7	5	4	1	3	2	8	9	6

Puzzle 286

6	1	2	7	8	5	3	4	9
9	4	8	3	2	6	7	5	1
3	7	5	4	9	1	8	6	2
2	3	4	1	6	9	5	8	7
8	9	1	5	7	3	4	2	6
7	5	6	2	4	8	1	9	3
4	6	9	8	1	7	2	3	5
5	8	7	6	3	2	9	1	4
1	2	3	9	5	4	6	7	8

Puzzle 287

9	4	6	5	7	1	2	8	3
2	1	8	9	3	6	7	5	4
7	5	3	4	2	8	9	1	6
8	9	2	6	5	4	1	3	7
4	7	1	3	8	2	6	9	5
3	6	5	7	1	9	4	2	8
6	2	7	8	9	3	5	4	1
5	3	9	1	4	7	8	6	2
1	8	4	2	6	5	3	7	9

Puzzle 288

3	1	4	2	5	7	9	8	6
5	9	2	6	1	8	4	7	3
7	6	8	4	3	9	2	1	5
1	2	9	7	6	5	3	4	8
8	3	5	9	4	1	6	2	7
6	4	7	3	8	2	5	9	1
2	5	1	8	9	6	7	3	4
4	7	6	1	2	3	8	5	9
9	8	3	5	7	4	1	6	2

Solutions

Puzzle 289

7	9	3	2	5	4	8	6	1
5	4	1	6	8	9	7	2	3
8	2	6	3	1	7	5	4	9
1	7	8	9	2	3	6	5	4
4	3	5	7	6	1	9	8	2
9	6	2	5	4	8	3	1	7
6	1	9	8	7	2	4	3	5
2	8	7	4	3	5	1	9	6
3	5	4	1	9	6	2	7	8

Puzzle 290

9	3	8	7	2	5	6	1	4
6	1	7	8	3	4	9	5	2
5	4	2	9	6	1	7	8	3
1	8	9	6	5	3	2	4	7
2	6	5	4	7	9	1	3	8
3	7	4	1	8	2	5	9	6
7	9	1	2	4	8	3	6	5
4	2	3	5	9	6	8	7	1
8	5	6	3	1	7	4	2	9

Puzzle 291

8	3	9	4	5	2	7	1	6
4	6	5	7	8	1	2	9	3
1	2	7	3	6	9	4	8	5
7	1	8	9	4	6	5	3	2
2	9	6	8	3	5	1	7	4
3	5	4	2	1	7	8	6	9
9	8	2	5	7	3	6	4	1
6	4	3	1	2	8	9	5	7
5	7	1	6	9	4	3	2	8

Puzzle 292

6	1	5	7	4	3	8	9	2
8	3	2	5	9	6	4	7	1
7	4	9	1	2	8	5	3	6
5	7	3	2	8	1	6	4	9
9	8	4	6	3	7	2	1	5
1	2	6	9	5	4	7	8	3
2	9	7	8	1	5	3	6	4
4	5	8	3	6	9	1	2	7
3	6	1	4	7	2	9	5	8

Puzzle 293

4	9	7	5	3	1	6	2	8
3	2	8	9	7	6	5	1	4
5	1	6	8	2	4	3	9	7
1	4	5	2	6	8	9	7	3
7	8	3	1	4	9	2	5	6
2	6	9	3	5	7	8	4	1
6	5	2	4	1	3	7	8	9
9	3	1	7	8	5	4	6	2
8	7	4	6	9	2	1	3	5

Puzzle 294

5	8	4	9	6	2	3	1	7
2	7	1	4	3	8	6	5	9
3	9	6	1	5	7	4	2	8
9	6	7	3	2	1	8	4	5
4	1	2	5	8	9	7	3	6
8	5	3	7	4	6	1	9	2
1	4	9	6	7	5	2	8	3
7	2	5	8	1	3	9	6	4
6	3	8	2	9	4	5	7	1

Puzzle 295

4	9	6	5	8	7	1	2	3
7	2	3	9	4	1	5	8	6
1	8	5	6	2	3	9	7	4
3	6	4	8	7	9	2	5	1
5	1	8	2	3	6	4	9	7
2	7	9	4	1	5	6	3	8
9	5	1	7	6	8	3	4	2
8	3	2	1	5	4	7	6	9
6	4	7	3	9	2	8	1	5

Puzzle 296

1	9	5	2	7	6	4	8	3
2	6	7	3	4	8	1	9	5
3	8	4	5	9	1	6	7	2
7	4	6	1	5	3	8	2	9
9	5	2	8	6	4	3	1	7
8	3	1	9	2	7	5	4	6
5	1	3	7	8	2	9	6	4
6	7	9	4	1	5	2	3	8
4	2	8	6	3	9	7	5	1

Puzzle 297

2	1	5	8	4	9	3	6	7
6	7	3	5	2	1	8	4	9
8	9	4	7	6	3	1	5	2
1	5	2	4	9	8	7	3	6
3	8	6	1	5	7	9	2	4
9	4	7	6	3	2	5	1	8
4	3	1	9	7	6	2	8	5
5	2	9	3	8	4	6	7	1
7	6	8	2	1	5	4	9	3

Puzzle 298

5	8	1	3	6	2	4	9	7
4	3	9	7	1	8	2	6	5
7	2	6	9	4	5	3	8	1
2	6	5	4	3	1	8	7	9
8	1	7	2	5	9	6	3	4
3	9	4	6	8	7	5	1	2
1	4	2	8	7	3	9	5	6
9	5	8	1	2	6	7	4	3
6	7	3	5	9	4	1	2	8

Puzzle 299

4	7	2	5	9	8	3	1	6
1	6	3	2	4	7	5	8	9
9	8	5	3	6	1	7	2	4
7	3	1	6	2	9	8	4	5
5	4	8	1	7	3	9	6	2
6	2	9	4	8	5	1	3	7
2	9	7	8	3	4	6	5	1
8	5	4	7	1	6	2	9	3
3	1	6	9	5	2	4	7	8

Puzzle 300

1	3	5	8	9	6	4	2	7
7	9	6	5	4	2	3	8	1
4	8	2	3	1	7	9	6	5
5	1	4	9	2	3	8	7	6
6	2	8	7	5	4	1	9	3
3	7	9	6	8	1	2	5	4
9	4	3	2	6	5	7	1	8
2	6	1	4	7	8	5	3	9
8	5	7	1	3	9	6	4	2

Puzzle 301

4	9	6	5	7	3	2	8	1
5	3	2	8	9	1	4	7	6
1	7	8	6	2	4	3	9	5
3	6	1	4	8	9	5	2	7
2	5	9	3	1	7	8	6	4
7	8	4	2	6	5	1	3	9
9	2	7	1	5	8	6	4	3
8	1	3	9	4	6	7	5	2
6	4	5	7	3	2	9	1	8

Puzzle 302

2	6	8	3	1	4	5	9	7
7	5	4	6	9	8	3	1	2
1	9	3	2	7	5	8	4	6
9	2	1	4	8	6	7	5	3
8	4	6	5	3	7	1	2	9
5	3	7	9	2	1	4	6	8
3	8	5	1	6	9	2	7	4
6	1	2	7	4	3	9	8	5
4	7	9	8	5	2	6	3	1

Puzzle 303

8	6	3	7	4	5	1	9	2
9	4	2	8	6	1	7	3	5
1	5	7	9	2	3	4	6	8
5	2	6	1	3	7	9	8	4
4	7	1	2	9	8	6	5	3
3	9	8	4	5	6	2	1	7
7	8	9	5	1	4	3	2	6
2	3	5	6	7	9	8	4	1
6	1	4	3	8	2	5	7	9

Puzzle 304

7	1	2	8	5	4	9	6	3
4	5	9	2	6	3	7	8	1
8	3	6	9	1	7	5	2	4
6	9	8	1	2	5	3	4	7
5	2	4	7	3	6	1	9	8
1	7	3	4	8	9	6	5	2
2	6	7	3	9	8	4	1	5
9	4	1	5	7	2	8	3	6
3	8	5	6	4	1	2	7	9

Solutions

Puzzle 305

1	3	5	9	2	7	4	6	8
8	4	2	6	3	5	9	7	1
6	9	7	4	8	1	3	5	2
2	6	8	7	4	9	5	1	3
9	7	4	5	1	3	2	8	6
5	1	3	8	6	2	7	4	9
4	2	6	3	5	8	1	9	7
7	5	1	2	9	6	8	3	4
3	8	9	1	7	4	6	2	5

Puzzle 306

8	6	9	3	2	7	5	1	4
3	7	2	5	4	1	8	9	6
5	1	4	9	6	8	7	3	2
7	4	6	8	3	2	1	5	9
1	2	3	4	9	5	6	8	7
9	8	5	7	1	6	2	4	3
6	3	7	1	8	4	9	2	5
4	5	1	2	7	9	3	6	8
2	9	8	6	5	3	4	7	1

Puzzle 307

4	1	7	9	6	8	2	3	5
6	8	9	2	3	5	4	1	7
2	5	3	1	4	7	9	8	6
7	9	1	4	8	2	6	5	3
3	6	8	7	5	9	1	2	4
5	2	4	6	1	3	8	7	9
1	3	5	8	9	4	7	6	2
9	7	6	5	2	1	3	4	8
8	4	2	3	7	6	5	9	1

Puzzle 308

7	8	9	3	2	1	5	6	4
6	1	3	5	7	4	9	2	8
5	2	4	6	9	8	7	1	3
1	9	7	4	3	5	2	8	6
2	6	8	9	1	7	4	3	5
4	3	5	2	8	6	1	9	7
3	4	1	8	5	2	6	7	9
8	7	6	1	4	9	3	5	2
9	5	2	7	6	3	8	4	1

Puzzle 309

9	3	5	6	1	8	2	7	4
7	6	4	9	2	3	5	8	1
1	8	2	4	5	7	9	6	3
2	4	3	5	6	1	8	9	7
8	9	7	3	4	2	1	5	6
6	5	1	8	7	9	4	3	2
5	7	8	1	3	4	6	2	9
3	1	6	2	9	5	7	4	8
4	2	9	7	8	6	3	1	5

Puzzle 310

4	6	3	7	5	8	1	2	9
1	5	8	4	2	9	6	7	3
7	2	9	3	6	1	8	5	4
5	4	2	1	3	6	9	8	7
8	7	1	9	4	2	5	3	6
9	3	6	8	7	5	2	4	1
6	8	7	2	9	3	4	1	5
3	1	5	6	8	4	7	9	2
2	9	4	5	1	7	3	6	8

Puzzle 311

4	6	2	9	5	8	3	1	7
3	5	7	1	6	2	8	4	9
8	1	9	4	3	7	2	6	5
9	3	6	2	1	5	4	7	8
7	4	8	6	9	3	5	2	1
1	2	5	8	7	4	9	3	6
5	7	4	3	8	6	1	9	2
2	8	1	7	4	9	6	5	3
6	9	3	5	2	1	7	8	4

Puzzle 312

3	1	9	2	4	8	6	7	5
7	4	5	6	3	9	2	8	1
8	6	2	5	1	7	3	4	9
6	5	8	7	9	1	4	2	3
9	3	1	8	2	4	7	5	6
2	7	4	3	5	6	1	9	8
1	8	7	4	6	5	9	3	2
5	2	6	9	7	3	8	1	4
4	9	3	1	8	2	5	6	7

Solutions

Puzzle 313

7	1	9	5	8	4	6	2	3
2	6	4	7	3	1	8	9	5
5	3	8	2	9	6	1	7	4
9	2	5	1	6	7	4	3	8
4	8	6	3	2	9	7	5	1
3	7	1	4	5	8	2	6	9
1	9	3	6	4	2	5	8	7
8	4	2	9	7	5	3	1	6
6	5	7	8	1	3	9	4	2

Puzzle 314

1	8	9	3	7	4	5	6	2
5	2	6	9	1	8	3	7	4
7	3	4	5	6	2	9	1	8
8	6	1	7	2	5	4	9	3
2	4	3	1	9	6	7	8	5
9	5	7	4	8	3	6	2	1
6	1	5	2	4	9	8	3	7
4	9	2	8	3	7	1	5	6
3	7	8	6	5	1	2	4	9

Puzzle 315

7	8	3	6	1	2	5	4	9
5	9	6	3	4	7	1	8	2
2	1	4	8	9	5	3	6	7
8	3	9	2	6	1	4	7	5
4	5	2	9	7	8	6	1	3
1	6	7	4	5	3	2	9	8
9	7	1	5	3	6	8	2	4
3	4	8	1	2	9	7	5	6
6	2	5	7	8	4	9	3	1

Puzzle 316

9	4	2	3	1	8	6	5	7
3	8	1	6	5	7	2	9	4
6	7	5	4	2	9	3	8	1
2	3	8	1	7	6	5	4	9
1	5	6	9	4	2	8	7	3
7	9	4	8	3	5	1	6	2
5	6	3	7	9	1	4	2	8
8	1	7	2	6	4	9	3	5
4	2	9	5	8	3	7	1	6

Puzzle 317

2	9	8	3	1	5	4	7	6
6	3	5	2	4	7	9	8	1
1	4	7	9	8	6	3	5	2
9	8	3	4	6	2	5	1	7
7	6	1	8	5	9	2	3	4
4	5	2	1	7	3	8	6	9
3	1	9	7	2	8	6	4	5
8	7	6	5	9	4	1	2	3
5	2	4	6	3	1	7	9	8

Puzzle 318

8	1	9	7	2	3	4	6	5
6	2	7	4	1	5	9	8	3
5	3	4	6	9	8	2	7	1
3	5	1	9	7	2	8	4	6
2	9	6	8	5	4	3	1	7
4	7	8	3	6	1	5	9	2
1	4	2	5	8	6	7	3	9
7	8	5	1	3	9	6	2	4
9	6	3	2	4	7	1	5	8

Puzzle 319

3	8	5	7	9	2	4	1	6
4	9	1	6	8	5	2	7	3
6	2	7	3	1	4	9	5	8
9	1	4	2	6	8	7	3	5
7	5	6	1	3	9	8	4	2
2	3	8	5	4	7	6	9	1
1	7	2	4	5	6	3	8	9
8	6	3	9	7	1	5	2	4
5	4	9	8	2	3	1	6	7

Puzzle 320

4	1	3	6	2	5	8	7	9
2	6	5	7	9	8	4	3	1
8	7	9	4	3	1	5	2	6
7	3	8	5	1	6	2	9	4
5	9	1	3	4	2	6	8	7
6	4	2	9	8	7	3	1	5
9	8	7	2	5	4	1	6	3
3	2	4	1	6	9	7	5	8
1	5	6	8	7	3	9	4	2

Solutions

Puzzle 321

3	8	5	4	1	9	2	7	6
9	4	2	3	6	7	8	5	1
1	6	7	5	8	2	9	4	3
5	7	3	1	2	8	4	6	9
4	1	6	9	7	3	5	8	2
2	9	8	6	5	4	1	3	7
6	3	1	2	4	5	7	9	8
7	5	9	8	3	1	6	2	4
8	2	4	7	9	6	3	1	5

Puzzle 322

9	2	1	6	3	4	5	8	7
6	4	7	5	8	1	3	9	2
8	5	3	2	7	9	6	4	1
7	3	9	4	5	6	2	1	8
2	6	5	9	1	8	4	7	3
1	8	4	7	2	3	9	6	5
3	9	2	1	4	7	8	5	6
4	1	8	3	6	5	7	2	9
5	7	6	8	9	2	1	3	4

Puzzle 323

9	5	2	3	4	6	8	1	7
7	3	6	8	9	1	4	2	5
8	1	4	2	5	7	6	3	9
3	2	8	6	1	9	5	7	4
1	9	5	4	7	3	2	6	8
4	6	7	5	2	8	1	9	3
2	8	3	7	6	4	9	5	1
5	4	1	9	3	2	7	8	6
6	7	9	1	8	5	3	4	2

Puzzle 324

9	6	4	7	3	2	5	1	8
7	5	3	8	9	1	4	2	6
1	8	2	5	4	6	7	9	3
6	3	9	2	8	5	1	4	7
5	1	7	4	6	3	9	8	2
2	4	8	9	1	7	3	6	5
3	2	6	1	5	9	8	7	4
4	9	5	6	7	8	2	3	1
8	7	1	3	2	4	6	5	9

Puzzle 325

4	2	8	6	3	9	5	7	1
3	1	9	5	7	8	6	2	4
6	5	7	2	4	1	8	9	3
8	7	3	1	2	5	9	4	6
2	9	5	3	6	4	7	1	8
1	6	4	9	8	7	3	5	2
5	3	6	7	1	2	4	8	9
9	8	2	4	5	3	1	6	7
7	4	1	8	9	6	2	3	5

Puzzle 326

7	5	1	9	2	8	6	3	4
9	8	2	4	6	3	5	1	7
4	3	6	1	7	5	2	9	8
5	9	7	8	4	6	3	2	1
6	1	8	3	9	2	7	4	5
2	4	3	5	1	7	8	6	9
3	2	9	7	5	4	1	8	6
8	7	4	6	3	1	9	5	2
1	6	5	2	8	9	4	7	3

Puzzle 327

8	3	6	9	2	1	7	5	4
5	4	2	7	8	3	9	6	1
1	7	9	6	5	4	2	8	3
4	1	3	5	6	7	8	2	9
7	6	8	2	3	9	4	1	5
2	9	5	1	4	8	6	3	7
9	2	1	8	7	5	3	4	6
6	5	4	3	9	2	1	7	8
3	8	7	4	1	6	5	9	2

Puzzle 328

2	1	5	8	6	4	3	7	9
8	3	9	7	5	1	4	6	2
7	6	4	3	9	2	5	8	1
3	5	1	2	4	6	7	9	8
6	4	8	5	7	9	1	2	3
9	2	7	1	8	3	6	5	4
5	9	3	4	2	7	8	1	6
1	7	6	9	3	8	2	4	5
4	8	2	6	1	5	9	3	7

Puzzle 329

1	5	4	3	9	7	6	8	2
3	6	2	5	4	8	9	1	7
8	9	7	1	6	2	5	4	3
4	3	6	8	5	1	7	2	9
9	7	1	4	2	3	8	5	6
2	8	5	6	7	9	1	3	4
5	4	3	9	8	6	2	7	1
7	1	9	2	3	5	4	6	8
6	2	8	7	1	4	3	9	5

Puzzle 330

6	2	4	3	8	7	9	5	1
8	9	1	4	2	5	3	7	6
5	7	3	6	9	1	2	8	4
3	6	8	2	1	4	7	9	5
2	1	9	5	7	8	4	6	3
4	5	7	9	6	3	1	2	8
9	3	5	8	4	2	6	1	7
7	4	6	1	5	9	8	3	2
1	8	2	7	3	6	5	4	9

Puzzle 331

9	4	5	8	7	2	3	1	6
3	1	6	4	5	9	7	8	2
8	7	2	6	3	1	4	5	9
6	2	8	9	4	3	5	7	1
7	3	9	1	6	5	2	4	8
4	5	1	2	8	7	6	9	3
1	6	4	7	2	8	9	3	5
2	9	3	5	1	4	8	6	7
5	8	7	3	9	6	1	2	4

Puzzle 332

6	3	7	8	1	5	2	9	4
5	2	4	6	3	9	7	8	1
1	8	9	7	4	2	6	3	5
3	1	8	2	5	7	9	4	6
9	7	5	4	8	6	1	2	3
2	4	6	3	9	1	8	5	7
7	5	2	9	6	4	3	1	8
4	9	3	1	7	8	5	6	2
8	6	1	5	2	3	4	7	9

Puzzle 333

4	5	7	8	3	1	6	2	9
8	1	2	6	9	7	5	4	3
9	3	6	4	2	5	8	7	1
7	6	1	3	5	4	9	8	2
2	4	8	7	6	9	3	1	5
3	9	5	2	1	8	7	6	4
1	7	4	9	8	3	2	5	6
5	2	9	1	7	6	4	3	8
6	8	3	5	4	2	1	9	7

Puzzle 334

7	4	2	6	1	5	3	9	8
1	5	6	8	9	3	4	2	7
3	8	9	7	4	2	6	5	1
2	7	4	3	5	1	9	8	6
9	3	1	2	6	8	5	7	4
8	6	5	4	7	9	2	1	3
5	1	7	9	3	6	8	4	2
4	2	3	5	8	7	1	6	9
6	9	8	1	2	4	7	3	5

Puzzle 335

4	1	3	8	5	6	7	2	9
6	5	2	9	1	7	4	8	3
9	8	7	2	4	3	1	6	5
7	6	4	3	8	5	2	9	1
1	9	8	6	2	4	3	5	7
3	2	5	7	9	1	6	4	8
2	4	9	1	3	8	5	7	6
8	3	6	5	7	2	9	1	4
5	7	1	4	6	9	8	3	2

Puzzle 336

2	1	5	3	8	6	9	4	7
3	4	8	1	9	7	2	6	5
9	7	6	2	4	5	3	8	1
5	9	2	4	3	8	7	1	6
1	6	3	7	5	9	8	2	4
4	8	7	6	1	2	5	3	9
8	5	1	9	2	4	6	7	3
7	3	9	8	6	1	4	5	2
6	2	4	5	7	3	1	9	8

Solutions

Puzzle 337

5	8	3	7	2	9	6	4	1
7	1	4	6	5	3	2	9	8
6	2	9	1	4	8	3	7	5
8	5	7	4	3	6	9	1	2
1	9	6	2	7	5	4	8	3
4	3	2	9	8	1	7	5	6
2	6	1	5	9	4	8	3	7
3	4	5	8	6	7	1	2	9
9	7	8	3	1	2	5	6	4

Puzzle 338

7	8	3	6	5	4	2	9	1
6	4	9	1	8	2	5	7	3
5	1	2	3	7	9	8	4	6
4	3	1	7	6	8	9	2	5
2	9	6	5	4	3	1	8	7
8	7	5	2	9	1	6	3	4
3	2	7	9	1	6	4	5	8
1	5	8	4	2	7	3	6	9
9	6	4	8	3	5	7	1	2

Puzzle 339

8	4	3	6	7	9	5	1	2
5	6	9	1	2	4	3	7	8
2	7	1	3	8	5	9	4	6
9	5	8	7	1	2	4	6	3
4	3	2	5	6	8	1	9	7
7	1	6	9	4	3	8	2	5
6	2	5	8	9	1	7	3	4
3	9	7	4	5	6	2	8	1
1	8	4	2	3	7	6	5	9

Puzzle 340

9	8	5	4	3	1	7	6	2
3	4	6	2	7	9	8	1	5
7	1	2	5	8	6	4	9	3
2	6	7	1	4	3	9	5	8
4	5	8	6	9	7	2	3	1
1	9	3	8	2	5	6	4	7
6	3	9	7	1	2	5	8	4
8	2	1	9	5	4	3	7	6
5	7	4	3	6	8	1	2	9

Puzzle 341

7	9	4	8	5	1	2	6	3
6	1	3	2	9	4	5	8	7
8	2	5	3	6	7	9	4	1
9	4	8	1	2	6	3	7	5
2	7	6	9	3	5	4	1	8
5	3	1	4	7	8	6	9	2
1	8	2	5	4	9	7	3	6
3	6	9	7	1	2	8	5	4
4	5	7	6	8	3	1	2	9

Puzzle 342

9	4	5	8	2	1	7	3	6
7	6	1	3	4	5	9	8	2
3	2	8	9	7	6	4	1	5
5	3	6	7	8	4	1	2	9
2	9	7	5	1	3	8	6	4
1	8	4	6	9	2	3	5	7
6	1	2	4	3	7	5	9	8
4	5	9	1	6	8	2	7	3
8	7	3	2	5	9	6	4	1

Puzzle 343

1	7	8	3	5	9	2	4	6
6	9	3	4	8	2	5	7	1
5	2	4	7	1	6	3	9	8
9	6	5	2	4	8	7	1	3
8	3	1	5	9	7	6	2	4
2	4	7	1	6	3	8	5	9
4	8	6	9	2	5	1	3	7
7	5	9	8	3	1	4	6	2
3	1	2	6	7	4	9	8	5

Puzzle 344

7	6	8	2	4	3	1	9	5
3	2	5	7	9	1	6	4	8
4	9	1	8	5	6	2	3	7
8	3	9	6	1	5	4	7	2
1	5	7	3	2	4	9	8	6
2	4	6	9	8	7	5	1	3
9	1	3	5	6	8	7	2	4
6	8	2	4	7	9	3	5	1
5	7	4	1	3	2	8	6	9

Puzzle 345

4	6	5	8	9	2	7	3	1
9	7	8	3	1	4	5	6	2
1	2	3	7	6	5	9	4	8
5	3	1	6	4	8	2	9	7
7	8	9	1	2	3	4	5	6
2	4	6	9	5	7	8	1	3
6	9	7	4	8	1	3	2	5
3	1	2	5	7	9	6	8	4
8	5	4	2	3	6	1	7	9

Puzzle 346

6	7	2	1	9	4	3	8	5
5	3	1	7	2	8	9	4	6
9	8	4	3	6	5	7	1	2
2	4	6	9	5	3	8	7	1
7	5	9	2	8	1	4	6	3
3	1	8	6	4	7	2	5	9
1	2	5	8	7	9	6	3	4
8	6	3	4	1	2	5	9	7
4	9	7	5	3	6	1	2	8

Puzzle 347

9	5	4	7	3	2	6	1	8
7	6	1	4	9	8	3	2	5
2	8	3	1	5	6	7	9	4
1	7	9	8	4	5	2	3	6
5	4	2	9	6	3	1	8	7
6	3	8	2	1	7	4	5	9
8	1	7	6	2	9	5	4	3
4	9	5	3	7	1	8	6	2
3	2	6	5	8	4	9	7	1

Puzzle 348

6	5	2	7	4	8	3	1	9
9	7	1	3	2	6	8	4	5
4	8	3	9	5	1	2	7	6
8	9	6	2	1	4	5	3	7
7	2	4	5	8	3	9	6	1
1	3	5	6	9	7	4	2	8
5	1	8	4	7	2	6	9	3
3	4	7	8	6	9	1	5	2
2	6	9	1	3	5	7	8	4

Solutions

Puzzle 349

7	6	9	4	3	8	5	2	1
5	1	4	7	2	9	8	6	3
3	8	2	5	1	6	9	7	4
8	5	1	3	6	7	2	4	9
4	9	7	1	5	2	6	3	8
6	2	3	9	8	4	7	1	5
2	4	5	6	9	3	1	8	7
9	3	6	8	7	1	4	5	2
1	7	8	2	4	5	3	9	6

Puzzle 350

6	7	2	3	4	5	9	1	8
8	3	1	9	2	6	4	5	7
4	9	5	7	8	1	6	2	3
5	8	7	4	3	2	1	6	9
2	4	9	1	6	7	3	8	5
1	6	3	8	5	9	2	7	4
3	5	8	6	1	4	7	9	2
9	2	6	5	7	3	8	4	1
7	1	4	2	9	8	5	3	6

Puzzle 351

1	7	3	9	5	6	2	4	8
4	8	5	2	7	1	9	3	6
2	6	9	4	8	3	1	7	5
9	2	6	3	1	4	5	8	7
5	4	1	7	9	8	6	2	3
8	3	7	6	2	5	4	1	9
6	5	2	1	3	7	8	9	4
7	1	4	8	6	9	3	5	2
3	9	8	5	4	2	7	6	1

Puzzle 352

3	6	2	4	5	1	9	7	8
9	1	8	2	3	7	4	6	5
7	5	4	9	6	8	3	1	2
6	2	7	3	9	4	5	8	1
1	8	3	5	7	2	6	9	4
5	4	9	8	1	6	2	3	7
8	9	1	6	4	5	7	2	3
4	7	6	1	2	3	8	5	9
2	3	5	7	8	9	1	4	6

Puzzle 353

2	1	9	3	5	6	7	8	4
5	7	3	8	1	4	2	6	9
8	6	4	9	2	7	3	1	5
7	8	1	4	6	5	9	2	3
9	2	5	7	3	8	6	4	1
4	3	6	2	9	1	8	5	7
1	4	2	6	7	3	5	9	8
6	5	7	1	8	9	4	3	2
3	9	8	5	4	2	1	7	6

Puzzle 354

4	5	8	2	6	7	9	3	1
3	7	1	4	8	9	2	5	6
9	2	6	3	5	1	8	7	4
1	8	5	9	3	4	6	2	7
7	6	4	5	2	8	1	9	3
2	9	3	1	7	6	5	4	8
8	4	7	6	9	2	3	1	5
5	1	2	8	4	3	7	6	9
6	3	9	7	1	5	4	8	2

Puzzle 355

5	8	7	6	2	1	3	4	9
9	6	4	3	5	7	8	1	2
2	1	3	4	9	8	5	7	6
6	2	1	5	4	3	9	8	7
7	5	8	2	1	9	6	3	4
3	4	9	8	7	6	2	5	1
1	3	5	7	6	2	4	9	8
8	7	2	9	3	4	1	6	5
4	9	6	1	8	5	7	2	3

Puzzle 356

6	8	4	1	5	3	2	9	7
5	7	2	6	4	9	8	3	1
3	9	1	8	2	7	5	6	4
8	2	7	9	6	1	4	5	3
1	3	6	5	7	4	9	8	2
9	4	5	3	8	2	7	1	6
7	5	8	2	1	6	3	4	9
2	6	3	4	9	5	1	7	8
4	1	9	7	3	8	6	2	5

Puzzle 357

3	7	4	2	5	1	8	9	6
1	8	6	9	7	4	3	2	5
9	5	2	6	8	3	1	7	4
4	2	3	7	9	6	5	1	8
6	9	7	8	1	5	2	4	3
5	1	8	4	3	2	9	6	7
2	4	5	1	6	8	7	3	9
8	6	9	3	2	7	4	5	1
7	3	1	5	4	9	6	8	2

Puzzle 358

7	1	8	3	9	6	2	5	4
5	6	9	2	4	8	1	7	3
2	4	3	1	7	5	6	9	8
9	3	7	8	1	4	5	6	2
6	8	2	9	5	3	7	4	1
1	5	4	7	6	2	8	3	9
8	9	5	4	2	7	3	1	6
4	2	6	5	3	1	9	8	7
3	7	1	6	8	9	4	2	5

Puzzle 359

6	3	2	4	8	7	5	9	1
4	8	5	1	3	9	7	2	6
9	1	7	6	2	5	3	8	4
2	6	3	7	1	8	4	5	9
7	5	1	9	4	6	8	3	2
8	4	9	2	5	3	1	6	7
3	9	6	8	7	1	2	4	5
1	2	8	5	9	4	6	7	3
5	7	4	3	6	2	9	1	8

Puzzle 360

4	8	7	5	1	2	3	9	6
3	6	2	9	4	7	5	1	8
5	9	1	3	8	6	4	7	2
7	2	5	8	9	1	6	3	4
6	4	3	2	7	5	9	8	1
9	1	8	6	3	4	2	5	7
2	7	6	1	5	9	8	4	3
1	3	9	4	2	8	7	6	5
8	5	4	7	6	3	1	2	9

Solutions

Puzzle 361

8	1	5	7	9	4	3	6	2
9	2	4	6	1	3	7	8	5
3	7	6	5	2	8	9	1	4
4	8	9	3	6	1	5	2	7
6	3	1	2	7	5	4	9	8
7	5	2	4	8	9	6	3	1
1	6	7	9	5	2	8	4	3
5	4	8	1	3	6	2	7	9
2	9	3	8	4	7	1	5	6

Puzzle 362

4	9	2	5	3	7	6	8	1
1	6	3	2	8	9	7	4	5
5	8	7	6	4	1	2	9	3
3	7	1	4	5	8	9	2	6
6	5	8	9	7	2	3	1	4
2	4	9	1	6	3	5	7	8
8	2	6	3	9	4	1	5	7
9	3	4	7	1	5	8	6	2
7	1	5	8	2	6	4	3	9

Puzzle 363

5	4	9	1	6	2	8	7	3
3	6	2	8	4	7	1	5	9
1	8	7	9	5	3	2	4	6
2	7	8	6	9	5	4	3	1
9	1	3	2	7	4	5	6	8
6	5	4	3	1	8	7	9	2
4	2	6	5	3	1	9	8	7
7	3	1	4	8	9	6	2	5
8	9	5	7	2	6	3	1	4

Puzzle 364

4	6	3	1	2	7	9	5	8
7	2	8	9	5	4	3	1	6
5	9	1	8	6	3	2	7	4
6	5	4	2	9	1	8	3	7
8	3	7	6	4	5	1	2	9
9	1	2	7	3	8	4	6	5
1	4	6	5	8	2	7	9	3
2	8	5	3	7	9	6	4	1
3	7	9	4	1	6	5	8	2

Puzzle 365

8	4	9	1	7	5	6	3	2
2	7	5	3	6	8	1	4	9
6	3	1	4	2	9	8	7	5
9	1	7	8	5	4	3	2	6
3	5	2	6	1	7	4	9	8
4	6	8	2	9	3	7	5	1
5	8	4	9	3	6	2	1	7
1	9	3	7	8	2	5	6	4
7	2	6	5	4	1	9	8	3

Puzzle 366

2	7	5	1	9	3	6	8	4
4	3	6	5	2	8	1	7	9
1	9	8	6	4	7	3	2	5
9	4	3	7	1	2	5	6	8
5	6	2	3	8	4	7	9	1
8	1	7	9	5	6	2	4	3
7	5	1	8	6	9	4	3	2
3	2	9	4	7	1	8	5	6
6	8	4	2	3	5	9	1	7

Puzzle 367

5	2	1	7	3	9	4	8	6
9	4	8	6	5	2	1	3	7
7	6	3	1	4	8	2	5	9
6	5	2	8	1	3	7	9	4
3	1	4	9	6	7	8	2	5
8	7	9	4	2	5	6	1	3
1	8	7	3	9	4	5	6	2
4	9	5	2	8	6	3	7	1
2	3	6	5	7	1	9	4	8

Puzzle 368

9	1	3	2	7	4	5	8	6
6	5	7	1	8	9	3	2	4
4	2	8	6	3	5	7	9	1
1	8	9	7	2	3	4	6	5
7	6	4	5	1	8	9	3	2
2	3	5	4	9	6	1	7	8
3	9	2	8	4	1	6	5	7
5	7	1	3	6	2	8	4	9
8	4	6	9	5	7	2	1	3

Puzzle 369

7	8	6	3	2	4	9	5	1
2	5	4	1	9	8	7	3	6
9	3	1	7	6	5	8	4	2
3	1	7	9	5	2	4	6	8
5	4	9	6	8	1	3	2	7
6	2	8	4	3	7	5	1	9
1	7	3	8	4	6	2	9	5
8	9	5	2	1	3	6	7	4
4	6	2	5	7	9	1	8	3

Puzzle 370

1	4	8	7	2	3	5	6	9
9	6	3	4	5	8	7	1	2
7	2	5	1	6	9	4	8	3
6	3	7	8	1	4	9	2	5
8	9	1	5	7	2	3	4	6
2	5	4	9	3	6	1	7	8
3	8	9	6	4	1	2	5	7
4	7	2	3	8	5	6	9	1
5	1	6	2	9	7	8	3	4

Puzzle 371

7	2	8	1	6	5	9	4	3
5	1	3	7	9	4	8	2	6
9	6	4	8	3	2	5	1	7
1	8	5	2	4	3	7	6	9
2	9	6	5	1	7	3	8	4
4	3	7	9	8	6	1	5	2
8	4	1	6	7	9	2	3	5
3	7	2	4	5	8	6	9	1
6	5	9	3	2	1	4	7	8

Puzzle 372

3	6	4	8	9	5	1	7	2
2	8	1	7	6	4	5	9	3
7	5	9	2	1	3	4	6	8
5	3	7	9	2	1	6	8	4
6	9	2	5	4	8	3	1	7
4	1	8	3	7	6	2	5	9
1	2	6	4	8	7	9	3	5
9	7	5	1	3	2	8	4	6
8	4	3	6	5	9	7	2	1

Solutions

Puzzle 373

7	6	3	9	5	2	1	8	4
1	9	5	8	4	3	2	6	7
4	8	2	6	1	7	3	5	9
9	2	7	5	8	4	6	3	1
5	3	4	2	6	1	7	9	8
6	1	8	3	7	9	4	2	5
2	4	9	1	3	5	8	7	6
8	5	1	7	2	6	9	4	3
3	7	6	4	9	8	5	1	2

Puzzle 374

2	3	4	1	9	8	6	5	7
7	5	6	4	3	2	8	1	9
8	9	1	7	5	6	4	3	2
6	7	3	2	1	9	5	8	4
5	1	2	6	8	4	7	9	3
9	4	8	3	7	5	2	6	1
3	6	7	8	2	1	9	4	5
1	8	5	9	4	7	3	2	6
4	2	9	5	6	3	1	7	8

Puzzle 375

4	6	2	1	9	7	3	8	5
7	8	9	6	5	3	2	1	4
3	5	1	8	2	4	7	9	6
6	3	7	5	1	2	8	4	9
8	1	4	7	6	9	5	2	3
2	9	5	4	3	8	1	6	7
9	7	8	3	4	1	6	5	2
1	4	6	2	7	5	9	3	8
5	2	3	9	8	6	4	7	1

Puzzle 376

1	6	2	9	7	8	4	3	5
7	9	4	2	3	5	8	1	6
5	8	3	6	1	4	2	9	7
9	4	6	5	8	3	1	7	2
2	3	7	1	4	9	5	6	8
8	5	1	7	6	2	9	4	3
6	2	8	3	9	1	7	5	4
3	1	5	4	2	7	6	8	9
4	7	9	8	5	6	3	2	1

Puzzle 377

8	5	4	7	9	1	2	3	6
6	1	2	8	3	4	7	9	5
9	7	3	6	5	2	8	4	1
4	8	7	9	1	6	5	2	3
3	9	6	2	7	5	1	8	4
5	2	1	3	4	8	6	7	9
2	3	9	5	6	7	4	1	8
1	6	8	4	2	3	9	5	7
7	4	5	1	8	9	3	6	2

Puzzle 378

2	6	9	3	8	1	7	5	4
4	8	5	2	7	9	1	6	3
1	3	7	6	4	5	8	9	2
5	2	4	1	3	7	9	8	6
8	1	6	4	9	2	5	3	7
9	7	3	5	6	8	4	2	1
6	4	1	9	5	3	2	7	8
7	9	2	8	1	6	3	4	5
3	5	8	7	2	4	6	1	9

Solutions

Puzzle 379

6	1	3	4	2	8	9	5	7
4	7	8	1	9	5	3	6	2
5	2	9	3	6	7	8	4	1
8	6	4	7	1	9	5	2	3
1	9	5	6	3	2	4	7	8
2	3	7	5	8	4	6	1	9
3	4	2	8	7	6	1	9	5
9	5	1	2	4	3	7	8	6
7	8	6	9	5	1	2	3	4

Puzzle 380

1	2	7	4	9	8	5	6	3
4	8	6	3	5	7	1	9	2
3	9	5	2	6	1	4	7	8
6	7	8	1	3	4	9	2	5
9	4	1	5	8	2	7	3	6
5	3	2	9	7	6	8	4	1
7	5	3	8	2	9	6	1	4
2	1	9	6	4	5	3	8	7
8	6	4	7	1	3	2	5	9

Puzzle 381

9	7	6	2	5	8	4	3	1
5	1	8	3	4	9	6	7	2
4	3	2	6	1	7	8	5	9
8	5	7	1	9	2	3	6	4
2	9	4	5	3	6	1	8	7
3	6	1	7	8	4	2	9	5
6	8	9	4	7	1	5	2	3
1	2	3	9	6	5	7	4	8
7	4	5	8	2	3	9	1	6

Puzzle 382

4	6	8	9	7	2	1	5	3
5	7	9	3	1	4	8	6	2
3	1	2	6	5	8	9	7	4
2	9	7	4	3	5	6	1	8
8	4	5	7	6	1	3	2	9
6	3	1	8	2	9	5	4	7
1	8	6	2	4	3	7	9	5
7	2	3	5	9	6	4	8	1
9	5	4	1	8	7	2	3	6

Puzzle 383

4	9	2	1	8	7	3	6	5
3	6	8	9	5	4	7	1	2
1	7	5	2	6	3	9	4	8
2	5	4	6	7	1	8	3	9
8	1	7	3	4	9	2	5	6
9	3	6	8	2	5	1	7	4
5	2	3	4	1	8	6	9	7
7	8	9	5	3	6	4	2	1
6	4	1	7	9	2	5	8	3

Puzzle 384

1	4	7	9	8	6	2	5	3
9	3	6	5	2	4	7	8	1
5	8	2	7	1	3	6	9	4
6	7	9	1	3	8	4	2	5
4	1	3	2	5	9	8	6	7
2	5	8	4	6	7	3	1	9
7	6	1	8	4	5	9	3	2
3	2	4	6	9	1	5	7	8
8	9	5	3	7	2	1	4	6

Solutions

Puzzle 385

5	9	8	6	3	4	7	2	1
6	1	3	2	9	7	4	5	8
7	2	4	5	1	8	6	3	9
8	6	9	1	7	3	2	4	5
1	7	5	4	8	2	3	9	6
4	3	2	9	6	5	8	1	7
2	8	7	3	5	9	1	6	4
3	5	1	8	4	6	9	7	2
9	4	6	7	2	1	5	8	3

Puzzle 386

6	3	5	7	2	1	4	8	9
7	8	2	4	3	9	5	1	6
1	9	4	6	8	5	3	7	2
2	4	3	5	1	6	8	9	7
5	7	6	2	9	8	1	3	4
8	1	9	3	7	4	2	6	5
9	5	1	8	4	7	6	2	3
4	2	7	1	6	3	9	5	8
3	6	8	9	5	2	7	4	1

Puzzle 387

2	5	9	7	1	8	4	3	6
6	3	7	9	4	2	5	8	1
8	1	4	5	6	3	7	2	9
7	2	5	1	3	4	9	6	8
9	8	3	2	7	6	1	5	4
4	6	1	8	5	9	3	7	2
5	4	2	3	8	1	6	9	7
1	7	8	6	9	5	2	4	3
3	9	6	4	2	7	8	1	5

Puzzle 388

8	2	9	4	1	6	3	7	5
6	4	1	5	7	3	9	8	2
5	7	3	2	9	8	6	4	1
4	6	8	3	5	1	2	9	7
7	1	2	8	6	9	4	5	3
9	3	5	7	4	2	8	1	6
1	8	6	9	2	7	5	3	4
3	5	7	6	8	4	1	2	9
2	9	4	1	3	5	7	6	8

Puzzle 389

9	3	7	5	2	4	6	8	1
2	1	4	9	6	8	5	7	3
8	5	6	7	3	1	4	2	9
4	7	1	6	8	5	3	9	2
5	6	2	3	9	7	8	1	4
3	9	8	1	4	2	7	6	5
1	2	5	4	7	6	9	3	8
7	4	3	8	1	9	2	5	6
6	8	9	2	5	3	1	4	7

Puzzle 390

4	8	1	2	9	5	6	7	3
3	5	6	1	8	7	2	9	4
2	7	9	3	6	4	8	5	1
7	6	8	4	2	1	9	3	5
1	9	4	8	5	3	7	2	6
5	2	3	9	7	6	1	4	8
9	1	2	5	4	8	3	6	7
6	3	5	7	1	9	4	8	2
8	4	7	6	3	2	5	1	9

Puzzle 391

9	6	5	8	4	7	3	1	2
4	2	1	3	9	5	6	7	8
3	8	7	2	1	6	4	5	9
5	7	4	1	3	2	9	8	6
8	9	6	5	7	4	1	2	3
2	1	3	9	6	8	7	4	5
1	5	9	4	8	3	2	6	7
7	4	8	6	2	9	5	3	1
6	3	2	7	5	1	8	9	4

Puzzle 392

2	4	8	3	5	7	6	9	1
9	3	6	1	4	8	5	2	7
7	1	5	6	9	2	8	3	4
4	6	7	5	2	1	9	8	3
1	8	3	9	7	6	2	4	5
5	9	2	4	8	3	7	1	6
6	2	4	7	3	9	1	5	8
3	7	9	8	1	5	4	6	2
8	5	1	2	6	4	3	7	9

Puzzle 393

9	4	1	7	6	3	2	5	8
5	7	3	8	2	1	4	9	6
8	6	2	9	4	5	1	3	7
4	5	6	1	9	8	3	7	2
2	8	7	4	3	6	5	1	9
3	1	9	5	7	2	6	8	4
1	2	4	3	8	7	9	6	5
6	3	8	2	5	9	7	4	1
7	9	5	6	1	4	8	2	3

Puzzle 394

5	1	6	7	4	3	9	8	2
8	7	2	9	5	6	4	3	1
9	3	4	1	8	2	7	5	6
4	5	1	8	2	7	6	9	3
3	8	9	4	6	5	1	2	7
6	2	7	3	1	9	5	4	8
7	9	8	5	3	1	2	6	4
1	6	3	2	9	4	8	7	5
2	4	5	6	7	8	3	1	9

Puzzle 395

3	2	8	7	4	6	1	5	9
6	4	7	1	5	9	8	2	3
1	9	5	3	8	2	7	6	4
5	7	4	6	3	8	9	1	2
2	1	6	4	9	7	3	8	5
8	3	9	2	1	5	4	7	6
9	5	1	8	2	4	6	3	7
4	6	3	5	7	1	2	9	8
7	8	2	9	6	3	5	4	1

Puzzle 396

6	3	5	4	7	1	8	2	9
4	1	9	2	5	8	7	6	3
7	8	2	6	3	9	1	5	4
1	4	3	5	8	7	2	9	6
2	7	6	9	1	4	3	8	5
5	9	8	3	2	6	4	1	7
9	2	7	1	6	3	5	4	8
8	5	4	7	9	2	6	3	1
3	6	1	8	4	5	9	7	2

Solutions

Puzzle 397

6	1	7	2	5	3	4	8	9
4	8	2	9	7	1	6	3	5
9	3	5	6	4	8	2	1	7
5	4	6	8	9	7	1	2	3
1	7	8	3	2	5	9	6	4
2	9	3	1	6	4	7	5	8
3	5	9	4	1	2	8	7	6
7	2	4	5	8	6	3	9	1
8	6	1	7	3	9	5	4	2

Puzzle 398

9	3	6	4	1	2	7	8	5
4	5	7	9	3	8	6	2	1
8	1	2	5	7	6	4	3	9
2	8	9	1	4	7	5	6	3
6	7	5	3	2	9	1	4	8
3	4	1	8	6	5	9	7	2
5	2	8	6	9	4	3	1	7
1	9	4	7	8	3	2	5	6
7	6	3	2	5	1	8	9	4

Puzzle 399

4	6	5	2	1	7	9	8	3
1	8	7	9	3	4	2	5	6
3	9	2	8	6	5	4	1	7
5	4	8	7	2	1	6	3	9
9	7	6	3	5	8	1	4	2
2	3	1	6	4	9	5	7	8
6	2	4	1	8	3	7	9	5
8	1	9	5	7	6	3	2	4
7	5	3	4	9	2	8	6	1

Puzzle 400

9	8	3	2	6	7	1	5	4
1	4	7	5	3	9	8	6	2
2	5	6	8	4	1	3	7	9
4	6	5	3	7	2	9	1	8
8	3	9	1	5	6	2	4	7
7	2	1	4	9	8	6	3	5
6	7	4	9	2	3	5	8	1
3	1	2	7	8	5	4	9	6
5	9	8	6	1	4	7	2	3

Puzzle 401

4	1	5	8	6	3	2	7	9
2	6	8	7	9	4	3	5	1
3	9	7	2	5	1	4	6	8
8	2	9	5	1	7	6	3	4
5	3	6	4	8	9	7	1	2
7	4	1	6	3	2	9	8	5
9	7	3	1	2	5	8	4	6
6	5	2	3	4	8	1	9	7
1	8	4	9	7	6	5	2	3

Puzzle 402

3	4	1	2	8	5	6	9	7
6	7	9	4	3	1	2	8	5
2	5	8	6	9	7	4	1	3
7	9	5	3	2	8	1	6	4
8	6	3	9	1	4	7	5	2
4	1	2	5	7	6	8	3	9
1	8	4	7	5	3	9	2	6
9	3	7	8	6	2	5	4	1
5	2	6	1	4	9	3	7	8